LLÊN Y LL
GOLYGYDD: HUW ME

Edward Matthews, Ewenni

D. Densil Morgan

GWASG PANTYCELYN

© D. Densil Morgan 2012 Ⓗ
Gwasg Pantycelyn

ISBN: 978-1-903314-85-2

Mae'r cyhoeddwr yn cydnabod cefnogaeth ariannol
Cyngor Llyfrau Cymru.

Cyhoeddwyd gan Wasg Pantycelyn
Argraffwyd gan Wasg y Bwthyn, Caernarfon

I DAFYDD A RHIANNON

CYNNWYS

		Tud.
Cyflwyniad		7
I	Plentyn y Fro	9
II	O Bontypridd i Ben-y-bont	28
III	Y Cofiannydd	51
IV	Y Storïwr a'r Nofelydd	80
V	Llenor 'Nyth y Dryw'	108
VI	Crynhoi	134
Llyfryddiaeth		144

CYFLWYNIAD

Tarddodd y gyfrol hon o wahoddiad a ddaeth i mi draddodi Darlith Goffa Islwyn yn Ysgol y Gymraeg, Prifysgol Caerdydd, ym mis Mawrth 2011. Roeddwn eisoes wedi cyhoeddi ar wahanol agweddau o'r traddodiad Methodistaidd yn y bedwaredd ganrif ar bymtheg, gan gynnwys Owen Thomas, Llywelyn Ioan Evans, R. S. Thomas Abercynon a Lewis Edwards, a thrwy hynny sylweddoli pa mor allweddol yn y stori oedd bywyd a gwaith Edward Matthews, Ewenni. Fodd bynnag, nid cyfrol ar hanes crefydd mo hon fel y cyfryw, nac ar gyfraniad Matthews i bregethu'r cyfnod, ond ar ei waith fel awdur rhyddiaith, byd y cofiant, y nofel a'r ysgrif yn bennaf. Fel brodor o Forgannwg, roedd hi'n dda gennyf draethu ar lenor pwysig o'm sir fy hun.

Mae fy niolch yn fawr i'r Athro Sioned Davies a'i staff am estyn gwahoddiad i mi draddodi'r Ddarlith Goffa ac am eu croeso haelionus ar yr achlysur. Braint hefyd yw diolch i'r Dr Huw Meirion Edwards am dderbyn y gyfrol i'w chyhoeddi yng nghyfres 'Llên y Llenor' ac am ei ofal mawr wrth gywiro'r deipysgrif ac am lywio'r gyfrol drwy'r wasg. Un o bleserau symud o Brifysgol Bangor i gartref academaidd newydd ym Mhrifysgol Cymru y Drindod Dewi Sant yw ymgysylltu o'r newydd â hen gyfeillion sydd bellach yn gyd-weithwyr i mi yma yn Llanbedr Pont Steffan. Un ohonynt yw'r Dr Rhiannon Ifans, aelod o staff Ysgol y Gymraeg ac Astudiaethau Dwyieithrwydd. Bu Rhiannon a'i gŵr Dafydd yn ddigon caredig i ddarllen y deipysgrif a chynnig llawer o awgrymiadau gwerthfawr a gwelliannau buddiol. Mae'n afraid dweud mai fi biau pob gwall a gwendid sydd ar ôl. Mae'n hyfrydwch cael cyflwyno'r gyfrol i'r ddau ohonynt.

D. Densil Morgan
Llanbedr Pont Steffan

I

PLENTYN Y FRO

Y blynyddoedd cynnar

Ganwyd Edward Matthews yn New Barn, fferm sylweddol ar stad Ffwl-y-mwn, ym mhlwyf Sain Tathan yng nghwr dwyreiniol Bro Morgannwg, ar 13 Mai 1813. Ef oedd mab ieuengaf Thomas Matthews (1781-wedi 1830) ac Ann, Morgan cyn hynny (1781-1816), ei wraig. Ar ochr ei dad hanai Edward, ei bedwar brawd a'i ddwy chwaer, o ddau deulu oedd â'u gwreiddiau yn ddwfn ym mhlwyfi Pen-marc, Llancarfan a Sain Tathan, sef y Matheuaid a'r Sandersiaid (Alexander oedd eu steil, a bod yn fanwl). Cyn y caledi a ddilynodd Ryfeloedd Napoleon, roedd bywyd Thomas, '*gentleman farmer*' yn ôl disgrifiad ei fab, yn un digon cysurus. Felly hefyd Alexander ('Sandy'), brawd ei dad, a oedd yn amaethu yn Llancatal gerllaw. Priodasai Jane, modryb Edward, â Thomas Dafydd, saer coed o Ben-marc. Cymry diledryw o ran tras ac iaith oedd y Matheuaid a'r Sandersiaid fel ei gilydd.

Un o Lanilltud Fawr oedd John Morgan, tad-cu Edward ar ochr ei fam. Priododd â Saesnes o'r enw Sarah Ann Smith, merch i gapten llong a fordeithiai i Barbados yn India'r Gorllewin i fasnachu siwgr. Roedd cryn dipyn o groesi'n ôl a blaen rhwng porthladd Sain Tathan a Gwlad yr Haf, a'r plwyf o'r herwydd wedi arfer clywed mwy o Saesneg na phentrefi fel Llancatal a Phen-marc. Er mai Cymro oedd John Morgan, Saesneg oedd iaith Ann, ei ferch, sef mam Edward, ac felly'r teulu cyfan. Cafodd Ann addysg well na'r cyffredin mewn ysgol i foneddigesau yng

Nghaerfaddon, ac oni bai am ei marwolaeth annhymig yn 1816, pan oedd Edward yn dair oed, diau y byddai'r plant yn fwy o Saeson nag o Gymry. Cof plentyn bach oedd unig gof ei mab ieuengaf amdani, ond mynnodd Matthews hanner canrif yn ddiweddarach ganu iddi:

> Mewn pentref gwladaidd llon ei wedd,
>   Mae mynwent brudd,
> Lle mae fy annwyl fam mewn bedd,
>   Mewn cell ynghudd;
> Gynt i mi 'roedd gwenau hon,
> Wrth edrych ar ei gwyneb llon,
> A phwyso ar ei thyner fron,
>   Fel nef i mi ...
>
> Ei bedd sydd acw wrth y llan,
>   Lle'r af yn awr,
> Gorweddaf ar y bruddaidd fan,
>   Mewn tristwch mawr;
> Y galon ddygai 'ngofid i,
> Y llygaid drosof wylai'n lli,
> Dan wylo cofiaf, cofiaf hi
>   Tra ynwyf chwyth ...
>
> ('Bedd fy Mam', *Y Cylchgrawn*, 5 (1866), 194)

Gyda cholli ei wraig pan oedd Thomas Matthews a hithau yn 35 oed, collodd y plant gryn dipyn o sefydlogrwydd. Plaendra didderbyn-wyneb oedd un o nodweddion cymeriad y Matthews Ewenni cyhoeddus. Dengys y cerddi tyner, ac nid hwyrach gorramantus a luniodd i rai o'i deulu ac i'w hen fro pan oedd yn ganol oed, fod cymhlethdod yn perthyn i'w bersonoliaeth aeddfed.

Magwraeth nodweddiadol o blant mân ysweiniaid y Fro a gafodd etifeddion Thomas ac Ann Matthews. Ni wyddys dim am fanylion eu haddysg nac am lefel crefyddolder yr aelwyd, ond meistrolodd Edward Gymraeg gramadegol rywiog ac idiomatig lân yn gynnar ac fe'i trwythwyd yn litwrgi yr Eglwys Anglicanaidd: 'Y Llyfr Gweddi [oedd] y llyfr a ddysgasom ni yn blant a'r llyfr nad allom byth ei anghofio, na pheidio ei edmygu' ('Nyth y Dryw', *Y Cylchgrawn*, 3 (1864), 128). Un poethlyd ei dymer oedd Thomas Matthews yn ôl y sôn, ac er nad oedd yn grefyddol yn ôl safonau'r efengyleiddiaeth newydd, roedd yn gyfeillgar â Thomas Wiliam, emynydd Bethesda'r Fro, a oedd fel yntau yn amaethwr cyfrifol yn yr un plwyf. Ceir sôn hefyd am Iolo Morganwg a Taliesin ab Iolo yn ymweld ag aelwyd New Barn. Mynychu helfeydd gyda'i gyd-ysweiniaid a gamblo a âi â bryd y tad. Cofnododd D. M. Phillips, Tylorstown, sgwrs a gafodd gyda Matthews pan ddygodd ar gof ei flynyddoedd cynnar:

> Cyn fy mod yn naw oed gwelais y Fro bob darn. Âi fy nhad â fi gydag ef i redegfeydd ceffylau a helfa llwynogod i bobman. Deuthum i farchogaeth yn dda pan tua chwech oed, ac o hynny i naw âi nhad â fi gydag ef yn ddieithriad. Wrth hela cadno euthum trwy Forgannwg o Lanilltud i Ben-pych, Cwm Rhondda, mynyddoedd Aberdâr, Cwm-nedd a rhannau helaeth o Frycheiniog a Mynwy. Ehangodd hyn lawer ar fy syniad am y byd, ac efallai, welwch chwi, fod hela llwynogod yn fantais i hela dynion llwynogaidd. Bid a fynno, bu hyn yn help mawr i mi pan ddechreuais bregethu. Gwyddwn am ddarn mawr o'r wlad y pregethwn yn ei chapelau y blynyddoedd cyntaf. (D. M. Phillips (gol.), Rhagymadrodd i *Pregethau y Diweddar Barch. Edward Matthews (Ewenni)*, t. xxi)

Yn sgil y dirwasgiad amaethyddol a ddilynodd Ryfeloedd Napoleon, penderfynodd Thomas, ac yntau nawr yn ŵr gweddw, ymfudo i Virginia, a mynd â thri o'r meibion, sef James, William a Dafydd, a Jane, eu chwaer, gydag ef. Ar ôl marwolaeth Ann, magwyd y plant eraill, Thomas, Edward a Maria, gan berthnasau, y bechgyn yn Llancatal gyda Sandy, eu hewyrth, a Maria ym Mhen-marc, gyda Thomas Dafydd a Jane. Byddai Maria yn priodi William Morgan, gweinidog gyda'r Bedyddwyr yn Llantrisant, yn 1828, ac yn ymfudo i Pottsville, Pennsylvania, wedi hynny. Diflannu o'r cofnodion a wna Thomas Matthews wedi cyrraedd Virginia yn 1822 neu 1823, ond mae J. J. Morgan (a oedd yn berthynas i ail wraig Edward Matthews) yn cofnodi hyn am un o'r meibion:

Dywed George Lamb iddo tua'r flwyddyn 1882 glywed fod brawd i
Edward Matthews yn byw yn Wheeling, West Virginia. Cafodd afael
arno a bu'n ymddiddan ag ef ... Yr oedd yn ŵr graenus, golygus, nid
annhebyg ei gorffolaeth i'r pregethwr, ac mewn amgylchiadau da yn
ôl pob golwg. Yr oedd ei Gymraeg yn rhydlyd. Rhaid mai Dafydd
oedd hwn gan y buasai James dros 82 oed, pe'n fyw. (J. J. Morgan,
Cofiant Edward Matthews Ewenni, t. 24)

Ceir unig gofnodion eraill Matthews ynghylch ei frodyr a'i chwiorydd mewn ambell gerdd. Cyhoeddwyd 'Fy Chwaer', sef Jane, yn *Y Cylchgrawn* ym mis Ionawr 1870; 'Myfyrdod y Bardd', sy'n goffâd i Thomas Matthews, Ffontygari, yn Ionawr 1877; a 'Bedd fy Chwaer' yn yr un misolyn, dair blynedd yn ddiweddarach. Bu farw Jane yn America yn 1869. Nid oedd Edward wedi ei gweld ers 45 o flynyddoedd, ond roedd y cof amdani, neu'r dychymyg amdani, yn iraidd o hyd:

> Dibryder oeddem fel chwaraegar ŵyn,
> Yn neidio'n llon a llamu o dwyn i dwyn,
> Yr haul yn ddisglair – bore llawen oedd,
> Pan ddawnsiai'r bryniau gyda llawen floedd.
> Cof am y ffynnon yn y cae islaw,
> Y tŷ y trigem yn y pentref draw ...
>
> Wrth gofio mebyd 'rwyf yn cofio hedd,
> Ond O! mor brudd yw atgof am dy fedd –
> Fy chwaer, oherwydd hyn, cof mebyd llon
> Sy'n dyblu tristwch fy nghlwyfedig fron ...
>
> ('Fy Chwaer', *Y Cylchgrawn*, 10 (1870), 21)

Er i Edward Matthews lunio swmp eithriadol o ryddiaith a pheth barddoniaeth ddigon cyffredin yn ystod ei oes faith, nid ysgrifennodd hunangofiant erioed a phrin iawn yw'r cyfeiriadau yn ei waith at ei fywyd cynnar. Soniodd rywfaint am y blynyddoedd cynnar yn ei golofn 'Nyth y Dryw' yn *Y Cylchgrawn* yn 1872:

Ysmeityn fach, ie, ychydig bach bach sydd er pan yn rhodio ar y caeau gleision acw, rhyngom a Chulfor Caerodor, yn cael ein gwylied gan Maria a'r plant oedd henach. Mor swynol oedd y chwarae! Mor

hapus â'r dydd oedd y tymor hwnnw, pan y gwelem deyrnasoedd y
byd yn y briallu ... ie, pan oedd yr holl fyd yn gynwysedig yn y ddwy
erw o flaen y tŷ, a llinynnau yr enaid wedi ymglymu ... am ychydig
o berthnasau ... Byd mebyd, a phlentynrwydd, ie, a diniweidrwydd.
(*Y Cylchgrawn*, 11 (1872), 27)

Ceir eithriad hwy yn ei gyfres o ysgrifau ar William Watson, y pregethwr o Abercynffig, sy'n seiliedig ar ei atgofion cynnar am dad y pregethwr, pacman duwiol o Sgotyn o'r enw George Watson, yn ymweld â New Barn pan oedd ef, Edward, yn blentyn:

Pan yr oeddem ni yn dechrau agor ein llygaid i edrych ar bethau, ac
yn dechrau defnyddio ein traed i redeg o gwmpas y tŷ, yn dechrau
dal y gath wrth ei chynffon, ac yn dechrau ymrolio a chwarae gyda'r
ci, yr ydym yn cofio dyn mawr o Scotchman yn teithio Bro
Morgannwg, yn gwerthu nwyddau a mân lyfrau ysgol, am yr hwn,
oherwydd ein bod yn cael ambell lyfr â darluniau, yr oeddem yn ei
ddisgwyl fel y glaw, ac yn gofyn yn awr ac eilwaith, 'Pa bryd y mae
Mr Watson yn dyfod yma eto?' ('Mr William Watson, Abercynffig',
Y Cylchgrawn, 12 (1873), 348-53 [349])

Mewn enghraifft ardderchog o'i ddawn disgrifio byw, dygodd Matthews ar gof anwyldeb sgwrs Watson ar yr aelwyd, ei waith yn gwerthu nwyddau o'i bac, atgofion yr henwr am y clerigwr Methodistaidd Dafydd Jones Llan-gan a'r gorfoleddu a gafwyd mewn oedfaon diwygiadol ddegawdau ynghynt, a'r parch eithriadol oedd i'r cawr addfwyn hwn a ddysgasai Gymraeg, yng nghartrefi'r Fro:

Pan ddechreuasom ysgrifennu a dwyn enw George Watson i gof, yr
oedd y dyddiau gynt yn ymagor o'n blaen. Yr oeddem yn cofio yr hen
dŷ ym mhen uchaf y pentref, yn gweled y teulu fel yr oeddent yr
amser hwnnw, yn cofio'r siarad, yn gweld Watson yn dyfod i'r tŷ a'r
pac anferth ar ei gefn, y llawenydd a deimlem wrth ei weled, y
disgwyliad am lyfr bach cyn ymadael, a noson ddifyr iawn. ('Mr
William Watson, Abercynffig', 352-3)

Delfrydol yn hytrach na realistig yw'r penillion am Sain Tathan a luniodd yn yr un flwyddyn â'i ysgrif ar George Watson, a'r awdur erbyn hynny yn 60 oed:

Ai hon ydyw'r fynwent, hen gladdfa fy nhadau?
  Ai yma chwareuem mewn llon febyd gwan?
Ai hon ydyw'r ywen y dringem ei changau?
  Ai dyna'r hen glochdy yng nghanol y llan? ...

Rhydd oedd yr awelon ar uchel wybrennau,
  Fel engyl chwareuent heb ofal na chur,
Yr haul a ddisgleiriai yn llon uwch ein pennau,
  A'r môr a wasgarai ei iach awel bur.

Sain Tathan, hen artref – hoff artref fy mebyd,
  Sain Tathan, hen drigfan hyfrydwch a hedd,
Sy'n awr i mi'n dywyll, yn ddu ac yn ddybryd;
  Y wyneb mwyneiddiaf newidiodd ei wedd.

('Ymweliad â Mynwent Sant Tathan', *Y Cylchgrawn*, 12 (1873), 369)

Ni cheir dim yng nghanol yr hiraethu llon yn ei ysgrif ar Watson, nac yng nghanol sentimentaleiddiwch pruddglwyfus ei gerddi, am y blynyddoedd a dreuliodd ar aelwyd ei ewythr Sandy yn Llancatal rhwng oddeutu 1818 ac 1826 pan oedd rhwng saith a thair ar ddeg oed, nac ychwaith am gyfnod ei fagwraeth gyda'i fodryb Jane ym Mhen-marc yn ei arddegau cynnar.

Tröedigaeth a dechrau pregethu

Yn 1826, ac yntau wedi bod yn amddifad o gwmni ei dad ers tair neu bedair blynedd, symudodd Thomas, brawd Edward (a oedd ddwyflwydd yn hŷn nag ef), o'r aelwyd yn Llancatal i Hirwaun yng ngogledd y sir i weithio fel cariwr yn y gwaith haearn a glo. Aeth Edward i Ben-marc at Thomas Dafydd a Jane. Ni wyddys dim am gefndir crefyddol y teulu ar wahân i'r cyfeiriad at gael ei drwytho yn y Llyfr Gweddi, er bod un traddodiad yn nodi i Edward gael ei yrru yn llanc i helpu John Evans, Llwynffortun, un o arweinwyr y Methodistiaid yn dilyn yr ordeinio cyntaf yn 1811, i ffeindio'i ffordd o gwmpas llwybrau dieithr cwr dwyreiniol y Fro. Roedd gan y cyfundeb gapel yn Aberddawan ym mhlwyf Pen-marc, a thrwy wrando ar bregeth gan Dafydd Morris yr Hendre, pregethwr lleyg neu 'gynghorwr' o sir Gaerfyrddin, y profodd Edward ei dröedigaeth. Roedd hyn tua'r flwyddyn 1826 neu 1827 pan oedd Edward yn dair ar ddeg neu'n bedair ar ddeg oed. Dafydd Morris, pregethwr bol clawdd i bob pwrpas, a fu'n offeryn deffroi un a ddeuai'n bregethwr ganwaith mwy poblogaidd nag ef. 'Y *tugboat* bach Dafydd Morris,' meddai William Prytherch, Abertawe, 'a dynnodd y Lusitania fawr, Edward Matthews, i dir' (Morgan, *Cofiant*, t. 25). Er ei fod yn ifanc, fe'i derbyniwyd yn ddiymdroi i'r seiat yn Aberddawan, ond cyn hir gadawodd y Fro er mwyn ymuno â Thomas yn Hirwaun yn y Blaenau. Cyrhaeddodd yno yng nghanol diwygiad crefyddol grymus. Ychwanegwyd 140 at ddiadell fechan y Methodistiaid yng nghapel Bethel, ac yn eu plith Thomas ei frawd. Daeth Thomas ymhen blynyddoedd – fel Thomas Matthews, Ffontygari, ar ôl y fferm ar waelod plwyf Pen-marc tuag at y môr, lle dychwelodd i amaethu – yn un o flaenoriaid mwyaf dylanwadol Cyfarfod Misol Morgannwg. 'Mr Thomas Alexander Matthews – Mr Matthews Ffontygari fel yr adnabyddid ef yn ei flynyddoedd diwethaf,' meddai Daniel Davies, Ton, 'gŵr oedd yn sefyll ymhlith blaenoriaid Morgannwg mewn lle tebyg i'r hwn y safai ei frawd ynddo ymhlith y pregethwyr' (Daniel Davies, 'Y Parch. Edward Matthews', 351).

Mentor y ddau frawd yn Hirwaun oedd Thomas Bowen, brodor o Dreforus, goruchwyliwr yn y gwaith haearn, gŵr talsyth ymhell dros ei ddwylath, blaenor seiat Bethel ac un o golofnau'r cyfarfod misol. Ef a anogodd Edward i bregethu. Credai pawb fod colled ar Bowen am na welent ddim o gwbl yn yr hogyn o'r Fro namyn ei fod yn dduwiol. Bachgen mewnblyg, myfyrgar, breuddwydiol oedd Edward, a'i drwyn bob amser mewn llyfr. 'Edrychid arno gan ei gydweithwyr,' meddai J. J. Morgan, 'fel llabwst twp, diog, pendew' (*Cofiant*, t. 28). Roedd Thomas Bowen, fodd bynnag, yn gwbl sicr fod dyfodol disglair o'i flaen. 'Mor sicr â bod Carmel yn y mynyddoedd, a Tabor yn y môr,' meddai, 'fe ddaw yn bregethwr mawr. Gwyliwch fod yn erbyn gŵr ag y byddwch fel ceiliogod rhedyn yn ei ymyl yn y dyfodol agos' (Evan Williams, 'Adgofion am y diweddar Barch. Edward Matthews, Ewenni', 266). Meistrolodd yn y cyfnod hwn gyfrol yr Annibynnwr y Dr George

Lewis, Llanuwchllyn, y *Drych Ysgrythurol, neu Gorph o Dduwinyddiaeth* (1796), gwaith y lluniodd Lewis Edwards o'r Bala ragymadrodd disglair iddo ymhen blynyddoedd a'i gymeradwyo fel arweiniad diogel i'r Galfiniaeth glasurol y byddai Matthews yn ei harddel ar hyd ei oes. Roedd y ffaith fod crwt heb fod yn ddeunaw oed wedi medru meistroli llyfr mor astrus ei gynnwys yn dweud llawer am grebwyll athrawiaethol Edward Matthews. Byddai hefyd wedi rhoi min ar ei Gymraeg.

Potensial oedd ynddo yn ystod y cyfnod hwn, nid cyflawniad. Taerineb Bowen yn hytrach na sêl ei gyd-aelodau ym Methel a barodd i swyddogion y cwrdd misol brofi ei ddawn. Yn ôl cofnodion cyfarfod misol y Pîl, Ionawr 1831:

> Penderfynwyd yn achos y dyn ieuanc sydd yn Hirwaun â rhywbeth ar ei feddyliau am lefaru, iddo ddywedyd ychydig ar ddiwedd yr ysgol bob sabath, mewn ffordd o gynghori am y mis hwn, i edrych a ddaw pethau yn fwy i'r golau. (William Evans, *Cofiant y Parchedig William Evans, Tonyrefail*, t. 115)

William Evans, 'Cloch Arian Tonyrefail' (1795-1891), oedd piau'r sylw hwn, ysgrifennydd y cyfarfod misol ac arweinydd Methodistiaid Morgannwg. 'Beth yw hwn? Does dim ynddo,' meddai Evans. Byddai Matthews yn edliw hyn iddo am flynyddoedd wedyn! Er gwaethaf rhychwant oedran, daethant yn gyfeillion agos. 'Carai yr hynafgwr hwn megis tad,' meddai J. J. Morgan, 'a pharai crybwyll ei enw iddo lonni hyd derfyn ei oes' (*Cofiant,* t. 33). Meddai D. G. Jones, cofiannydd cynharaf Matthews: 'Ni bu dau yn fwy annwyl o'i gilydd yn y cyfundeb na'r ddau hyn, a buont yn cydweithio â'i gilydd mewn perffaith unoliaeth am flynyddoedd lawer' (D. G. Jones, *Cofiant y Parchedig Edward Matthews o Ewenni,* t. 18). Crintachrwydd neu beidio, cafodd Matthews ganiatâd erbyn cwrdd misol Treforus yn ddiweddarach yn 1831 i ddweud rhywbeth amgenach nag ychydig eiriau ar derfyn yr ysgol Sul yng nghapel Bethel. 'Helaethwyd terfynau Edward Matthews, o Hirwaun, fel pregethwr,' meddai cofnodion cwrdd misol mis Hydref, 'i fyned ar y sabothau i lefaru yn ei ddosbarth yn unig' (Evans, *Cofiant y Parchedig William Evans, Tonyrefail*, t. 127), ac am y ddwy flynedd nesaf daliodd ymlaen i ddatblygu'i ddawn.

'Matho Pen-llîn'

Gwladwr oedd Matthews, wedi ei fagu ar fferm ac yn gwbl gartrefol gyda'r bywyd amaethyddol. Pan ddaeth cyfle i gefnu ar y gweithiau, manteisiodd arno yn syth. Yn 1833 dychwelodd i'r Fro, yn oruchwyliwr Pantylliwydd, a oedd fel New Barn yn amaethdy sylweddol ym mhlwyf Llansanwyr, tua deng milltir i'r gogledd-orllewin o'r man lle'i ganed. Roedd Llansanwyr, yng nghantref y Bont-faen, yn 'ardal iachus a ffrwythlon' yn ôl y daearegwr Dafydd Morganwg, 'a cheir yma olygfeydd prydferth iawn' (D. W. Jones [Dafydd Morganwg], *Hanes Morganwg*, t. 378), er bod y pentref ei hun ym Mhen-llîn, y plwyf nesaf draw, ar hyd dyffryn isel a arweiniai o Bentremeurig i gyfeiriad Llangrallo a Phen-coed. Fe'i gwahoddwyd yno gan berthynas iddo, Jane Truman (Alexander gynt), cyfnither i'w dad.

Ganed Jane Alexander yn 1796, yn un o Sandersiaid Sain Tathan, a symudodd i Lansanwyr ar ôl priodi â Thomas Truman oddeutu'r flwyddyn 1820. Cawsant dri o blant, dwy ferch a bachgen, a'r hynaf ohonynt, Thomas (a enwyd ar ôl ei dad) yn seithmlwydd oed pan aeth Matthews yno. Collodd Jane ei gŵr yn 34 oed, yn 1830, gan greu'r angen am rywun i ofalu am y busnes. Er nad oedd ei chyfyrder prin yn ugain oed, dangosodd fedr yn fuan i drin fferm, i brynu stoc a thyfu cnydau gan wneud elw teg i'w feistres. Cafodd y cyfrifoldeb hefyd o oruchwylio dau was Pantylliwydd, Dafydd yr hwsmon, gŵr canol oed a garw, a Twm. Cafodd gennad gan Mrs Truman i gynnal dyletswydd deuluaidd yn feunyddiol er y byddai Dafydd, a oedd yn fwy o lymeitiwr nag o grefyddwr, yn dra ymarhous i fynychu'r defosiwn. 'Wel do, fe geso'i dipyn yn ormod,' meddai unwaith, 'ond beth am hynny. Rwy' cystal â'ch hanner chi sha'r capel yna!' (Morgan, *Cofiant*, t. 42). Ymhen hir a hwyr, fodd bynnag, plygasai Dafydd wrth yr allor deuluaidd, a bu'n ffyddlon iawn i Matthews am weddill ei oes.

Roedd gan y Methodistiaid achos bychan ar Graig Pen-llîn o'r enw Nebo. Agorwyd y capel yn 1831 a daeth Matthews yn aelod gwerthfawr yno. Dysgodd lawer gan y blaenoriaid: William James Argoed Isaf, Robert Smith y diwydiannwr, Evan Williams Dan-y-coed (sef tad un a ddeuai'n llenor ac yn bregethwr pwysig ei hun, William Williams, gweinidog capel Argyle, Abertawe), Siôn Morgan, a Dafydd Rheinallt y crydd. Roedd yn dal yn ddywedwst ac yn swil – 'Dyna un diserch yw'r bachan yna,' meddai morwyn Mynydd-yr-eithin, y fferm nesaf at Bantylliwydd (Morgan, *Cofiant*, t. 37) – a heb dorri trwodd i fod yn bregethwr mawr. Fodd bynnag, yn y cyfnod hwn, rhwng 1833 ac 1840, yr aeddfedodd ei bersonoliaeth, y dechreuodd ennill bri mawr fel areithiwr yn y pulpud, a chychwyn gwneud enw iddo'i hun fel llenor Cymraeg.

Yn ôl y sylwebydd craff a gwybodus, Daniel Davies, Ton, 'Cymerodd lawer o amser i Mr Matthews ymestyn i'w lawn dwf' (Davies, 'Y Parch. Edward Matthews', 399). Yn ogystal ag amaethu a phregethu (a hynny'n ddigon afrwydd o hyd), astudio a mentro'i ddawn fel llenor a aeth â'i fryd. Cyhoeddodd ei ysgrifau cyntaf yn *Y Drysorfa*: 'Bod Dyn dan ei Faich' (1836), 'Y Balch a'r Gostyngedig' (1837) ac 'Anffyddiaeth y Galon' (1838), ynghyd ag adroddiad bywiog yn nodi agor capel newydd y Methodistiaid Calfinaidd ym mhentref Sain Ffagan (1837) ac ysgrif goffa i wraig ei gyfaill, Evan Morgan, Caerdydd (1838). 'Iorwerth Gwlad Forgan' ydoedd at ddibenion llenydda yn y cyfnod hwn, a dengys ei wyth 'Llythyr Iorwerth at ei Gyfaill ar ei Neilltuad yn Henadur Eglwysig' (1840) ddifrifoldeb ysbrydol yn hytrach nag unrhyw ddychymyg creadigol fel y cyfryw. Roedd cael bod ymhlith blaenoriaid capel Nebo, gyda'u sôn am oedfaon gwlithog a chynhyrfus Dafydd Jones, yr efengylydd o Lan-gan, wedi ennyn diddordeb ysol ynddo yn nhraddodiadau'r Fethodistiaeth fore, a chyn hir byddai'n troi ei law at ysgrifennu hanes. Blaenffrwyth hyn oedd ei fywgraffiad o Howell Howells Tre-hyl, eto yn *Y Drysorfa* (1842), offeiriad Methodistaidd arall o

EDWARD MATTHEWS, EWENNI

Fro Morgannwg a lynodd wrth y mudiad wedi'r hollt â'r eglwys wladol yn 1811. Wedi i'r cyfundeb ddechrau ordeinio ei weinidogion ei hun, roedd gan Forgannwg hanner dwsin ohonynt: Hopcyn Bevan Llangyfelach (1811), Richard James Glyncorrwg (1813), Richard Thomas Llysfronydd, y Bont-faen (1817), William Griffiths Bro Gŵyr a David Howell Abertawe (1824), a Benjamin Evans Sain Ffagan (1829). Yn ogystal â'r rhain, roedd gan y cyfundeb doreth hefyd o bregethwyr lleyg. Un o'r hynotaf o'u plith genhedlaeth ynghynt oedd Jenkin Thomas o'r Goetre, plwyf Margam, 'Siencyn Pen-hydd', a fuasai farw yn 1807. Gan Richard James, Glyncorrwg, y cafodd Matthews yr hanesion amdano, a buan y daeth y pregethwr ifanc o Ben-llîn a'r hen weinidog o'r Blaenau yn gryn gyfeillion:

> Preswyliai yr hen bregethwr melys, methedig yr adeg hon, gyda'i ferch yn Llwynffynnon, ffarm fechan dlodaidd mewn lle diarffordd ac anhygyrch ym mhlwyf Glyncorrwg. Mynych gyrchai Matthews yno i ddarllen ei bregethau i'r hen weinidog, ac i ymddiddan am draddodiadau crefyddol yr ardaloedd, a phrofiadau dyfnaf y Cristion ... Gan Richard James y cafodd ddefnyddiau hanes Siencyn Pen-hydd. (Morgan, *Cofiant*, tt. 32-3)

'Richard James oedd un o'r gweinidogion cyntaf ordeiniwyd gan y Methodistiaid,' meddai Matthews wrth ddwyn i gof ei adnabyddiaeth ohono ddeugain mlynedd yn ddiweddarach; 'Yr oedd yn cydoesi â Davies Castell-nedd, Siencyn Pen-hydd a Jones Llan-gan, ond ychydig yn ieuengach, ac felly, gan iddo fyw yn hen, daeth i lawr i'n cydnabyddiaeth ni, pan oeddem yn ieuanc a phenfelyn' ('Nyth y Dryw', *Y Cylchgrawn*, 13 (1874), 252). Er nad hanesydd fyddai Matthews mewn unrhyw ystyr dechnegol, ymdeimlodd yn fyw iawn â dechreuadau Methodistiaeth. Cyfuniad o ymchwil hanesyddol ynghyd â dawn greadigol bwerus fyddai ei *Bywgraffiad y Parch. Thomas Richard, Abergwaun* (1863), ei unig ymgais i lunio cofiant confensiynol, a'i weithiau mwy dychmyglawn, *Hanes Bywyd Siencyn Pen-hydd* (1851), 'George Heycock a'i Amserau', a ymddangosodd gyntaf fel cyfres o ysgrifau yn *Y Traethodydd*

(1858-9) cyn gweld golau dydd fel cyfrol yn 1867, a rhai gweithiau eraill.

Yn ystod y blynyddoedd hyn, pregethwr a fynnai fod yn anad dim. Araf oedd y dechreuad fel y gwelsom, heb neb braidd, ar wahân i Thomas Bowen Hirwaun, yn gweld unrhyw addewid ynddo o gwbl. Hyd yn oed wedi cyrraedd Pen-llîn yn 1833, 'Dwy'i ddim yn mynd heddi, Matho sy'n pregethu' (Morgan, *Cofiant*, t. 37) a glywid yn aml, ond yn dilyn taith i'r canolbarth yn 1836 lle cafodd bregethu yn Sasiwn Llanfair Caereinion ym mis Ebrill, gwelwyd fod ynddo ddoniau cyhoeddus anarferol wedi'r cwbl. Yn fuan wedi dychwelyd, gwahoddwyd ef i bregethu mewn mannau y tu hwnt i'r Fro, a chafwyd adroddiadau o'r Cas-bach, Mynwy, a chyfarfod misol Casllwchwr, o oedfaon grymus. O dan y bregeth yng Nghasllwchwr argyhoeddwyd llanc o'r enw John Powell Jones, ficer Llantrisant a chanon Llandaf yn ddiweddarach, ac un a dyfai yn arweinydd plaid efengylaidd yr Eglwyswyr Cymreig. O hynny ymlaen, pan oedd Methodistiaeth (fel yr enwadau Ymneilltuol eraill) yn ymledu yn rhyfeddol a chapeli newydd yn cael eu hagor yn wythnosol bron, prin oedd yr achlysuron lle nad oedd Matthews yn bresennol ac yn pregethu gyda chymeradwyaeth amlwg. Ceir sôn am oedfaon grymus ganddo adeg agor capel newydd Y Gopa, Pontarddulais, ym mis Chwefror 1837, ac eto ym mis Hydref pan agorwyd capel newydd Sain Ffagan. Prin y byddid yn casglu hynny o ddarllen ei gyfrol gyntaf, *Crist yn Esiampl i'w Eglwys, neu Bregeth ar 1 Pedr 2:21* (1838), llyfryn 48 tudalen gyda'i dri phen wedi'u rhannu'n benawdau ac yn isbenawdau, pob un yn bregeth gyflawn ynddo'i hun. Llyfr i'w ddarllen yn fwy nag anerchiad i'w draddodi oedd hwn, ac er ei fod yn waith teilwng a galluog, mae'n gwbl amddifad o'r ffraethineb a'r bywiogrwydd dychymyg a fyddai'n nodweddu pregethu Edward Matthews maes o law.

Ordeinio

Ordeiniwyd Matthews i gyflawn waith y weinidogaeth yn Sasiwn Llangeitho ar 11 Awst 1841. Roedd yn 28 oed a'r ieuengaf o weinidogion cyfundeb y Methodistiaid Calfinaidd. Yr arfer y pryd hwnnw oedd bod y cyfarfodydd misol yn cymeradwyo pregethwyr addas, a'r sasiwn (neu'r gymdeithasfa a rhoi iddi ei henw swyddogol) a fyddai'n ordeinio fel y gallai'r gweinidogion newydd weinyddu sacramentau'r bedydd a Swper yr Arglwydd. Pregethu, serch hynny, oedd prif dasg gweinidog, nid gartref yn unig – yn Nebo Pen-llîn yn yr achos hwn – ond ar hyd y rhwydwaith eang o seiadau a chapeli a oedd yn tyfu fel madarch ar hyd y wlad. 'Er nad oedd bywoliaeth i'w chael ynglŷn â'r weinidogaeth,' meddai William Evans, Doc Penfro, ŵyr i'r William Evans arall hwnnw a fu mor ddrwgdybus o ddawn y Matthews ifanc, 'yr oedd y fath syched am yr efengyl yn y dyddiau hynny a'r fath gyfleusterau i'w chyhoeddi trwy deithio yn y cymdeithasfaoedd, fel ag i dynnu allan ddoniau gweinidogaethol, ac i wneud y defnydd helaethaf ohonynt' (Evans, *Cofiant y Parchedig William Evans, Tonyrefail*, t. 120). Ildiasai'r dull araf, safndrwm a chlogyrnaidd i lefaru eglur ac egnïol, gyda meistrolaeth gynyddol ar ieithwedd idiomatig gref. Yn fuan daethpwyd i ystyried Matthews yn ail i William Evans ei hun fel y pregethwr mwyaf pwerus ym Morgannwg. Soniwyd yn y cyfnod hwn am 'arddull ystormus losgfynyddol' ei bregethu (Morgan, *Cofiant*, t. 51), gyda nerth brawychus a fyddai'n ysgwyd gwrandawyr i'w sail. Nid tan yr 1850au y daeth Matthews i fabwysiadu'r arddull dawelach, fwy ymddiddanol, ond eto ddramatig, y daeth yn enwog amdani yn nes ymlaen.

Cafodd Matthews ganiatâd Henaduriaeth Morgannwg ym mis Hydref 1842, ac yntau eisoes wedi'i ordeinio, i fynd am hyfforddiant i goleg newydd Trefeca. Agorwyd y coleg yn yr un mis, bum mlynedd ar ôl sefydlu Coleg y Bala, er mwyn cynnig addysg athrofaol i bregethwyr Methodistaidd y De (gw. D. Densil Morgan, *Lewis Edwards*, tt. 94-5). Ei brifathro cyntaf oedd David Charles, brawd yng nghyfraith i Lewis Edwards ac ŵyr i Thomas Charles o'r Bala. Cofrestrodd yno yn Ionawr 1843, ddeufis ar ôl ei gyfaill William Howells o'r Bont-faen, a ddeuai'n brif addurn pulpud Saesneg y Methodistiaid Calfinaidd ac ymhen blynyddoedd yn brifathro Trefeca ei hun. Am ryw reswm ni allai Matthews barhau â'i astudiaethau am fwy na chwe mis, ond cafodd rywfaint o sylfaen yng Ngroeg y Testament Newydd ac ymdeimlad â chyfaredd personoliaeth Howell Harris. Er bod y diwygiwr yn ei fedd ers ymhell dros hanner canrif, roedd cael rhodio ar hyd llwybrau ei gartref yn wefr arhosol i'r pregethwr o Ben-llîn. A phregethu eto a fynnai wneud. Yn ôl J. J. Morgan, 'Byrstiodd [Matthews] i wybren Fethodistaidd Brycheiniog a Maesyfed fel comed lachar' (*Cofiant*, tt. 63-4). Yn eu henaint soniai rhai o'i gyfoeswyr am y chwe mis rhyfeddol hynny: 'Sonient am bregethu grymus Mr Matthews mewn capelau ar hyd Sir Frycheiniog – pregethu nad oedd ei gyffelyb wedi bod yn yr ardaloedd hynny er amser Howell Harris' (Davies, 'Y Parch. Edward Matthews', 399). Pregethodd yn syfrdanol, yn ôl y sôn, yng nghyfarfod misol Aberhonddu ym mis Ebrill 1843 ar Secharia 9:11, 'Amdanat ti, oherwydd gwaed y cyfamod rhyngom, gollyngaf dy garcharorion yn rhydd', gydag effeithiau rhyfedd yn cydgerdded ag ailadrodd y cymal 'Gwaed y cyfamod'. Yn ôl barn amryw ni chododd yn uwch erioed, o ran effaith ei bregethu, nag a wnaeth yn ystod y misoedd hyn. Roedd ar drothwy ei 30 oed. 'Nid oedd neb yn Sir Forgannwg, nac yn Neheudir Cymru, oddigerth Mr Evans Tonyrefail, oedd yn fwy poblogaidd gan y cynulleidfaoedd na Matthews Pen-llîn' (Jones, *Cofiant y Parchedig Edward Matthews o Ewenni*, t. 216).

Priodi

Yn ei ragymadrodd i'w ddrama *Dwy Briodas Ann* sonia Saunders Lewis am 'ddwy briodas eithriadol od' John Elias, y naill â'i wraig gyntaf a'r llall â gweddw Syr John Bulkeley, sgweier Presaddfed, Môn. Ni fu odrwydd y priodasau hyn yn ddim o'u cymharu â dwy briodas ryfedd Edward Matthews. Ar 4 Ionawr 1844, chwe mis wedi iddo ddychwelyd i Bantylliwydd o Drefeca, priododd Jane Truman, meistres y tŷ. Creodd hyn gryn syfrdandod yn y cylch. Roedd hi'n 47 oed – ddwy flynedd ar bymtheg yn hŷn na Matthews – a'r hynaf o'i phlant wedi ehedeg dros y nyth. Ar ben hyn bu'r ddau eisoes yn byw o dan yr un nenbren ers naw mlynedd a chan ei bod hi'n gyfnither i Thomas Matthews ei dad, roeddent yn berthnasau gwaed. Ni wyddys y manylion ac ychydig sy'n hysbys am Jane. Roedd hi'n wraig o bersonoliaeth gadarn ac o dduwioldeb dwfn, ac yn tarddu o'r un dosbarth o ysweiniaid â Thomas Matthews, Sain Tathan. 'Very smart and ladylike in appearance and manner' oedd un disgrifiad ohoni, 'tall and genteel, well dressed and well spoken' (Morgan, Cofiant, t. 77). Er ei fod yn oruchwyliwr ac yn was, roedd Matthews hefyd wedi'i fagu'n gysurus, a does dim amheuaeth nad oedd yr uniad, er yn un od, yn un dedwydd. Ar un wedd gellid dweud iddo, trwy briodi, adfeddiannu ei statws cynhenid. 'Yr oedd Cymraeg Bro Morgannwg yn brydferth a pharod ar ei thafod,' meddai J. J. Morgan, 'er bod yn well ganddi Saesneg, ac am hynny yn Saesneg yr ymddiddanent yn gyffredin ar yr aelwyd' (tt. 66-7). Saesneg oedd iaith yr ysweiniaid a'r mân uchelwyr ar y pryd. Er hynny, trwyadl werinol oedd cydymdeimlad Matthews, a chastiau'r werin a adwaenai orau.

Prin iawn yw'r sôn am Matthews am y blynyddoedd nesaf. O ran pregethu fe'i cyfyngodd ei hun i gylch y cyfarfod misol ac ar wahân i ddwy ysgrif yn y cylchgronau, un yn pledio am gynhaliaeth ddigonol i weinidogion – 'nid oes neb teuluoedd yn fwy truenus a digysur yn yr ardaloedd y byddont yn byw na theuluoedd gweinidogion y Methodistiaid' ('Cynhaliaeth Gweinidogion yr Efengyl', *Y Drysorfa*, Cyfres Newydd, 1 (1847), 250-1 [250]) – a'r llall yn ysgrif fywgraffyddol i arloeswr Methodistiaeth Morgannwg, William Thomas o'r Pîl (1723-1811), ni fu'n ddiwyd fel llenor ychwaith. Ond yna daeth yn hysbys eto. Fe'i gwahoddwyd i bregethu yn Sasiwn Rhymni ar 30 Mai 1849, a chreodd ei draethiad ar Effesiaid 5:16, 'Gan brynu yr amser oblegid y dyddiau sydd ddrwg', effaith ysgubol. Yna, mewn cymanfa unedig a gynhaliwyd yn Llandeilo ym mis Awst, daeth yn amlycach fyth. Ei destun yno oedd Matthew 6:34, 'Na ofelwch gan hynny dros drannoeth, canys trannoeth a ofala am ei bethau ei hun; digon i'r diwrnod ei ddrwg ei hun', er nad grym ei bregethu yn unig a gipiodd y sylw yno, fel y cawn weld.

'Y gymanfa hon,' meddai ei gofiannydd, 'a'i cododd i olwg Cymru benbaladr' (Morgan, *Cofiant*, t. 72).

Ei natur ddi-ofn

Dywedwyd ar ddechrau'r bennod fod plaendra di-dderbyn-wyneb yn un o nodweddion y Matthews cyhoeddus. Cyfeirir wrth gloi at ddau achlysur – un ohonynt o gymanfa Llandeilo yn 1849 – a ddatgelodd y nodwedd hon i'w gyfoeswyr. Oddeutu 1833, yn fuan wedi iddo ymgartrefu ym Mhantylliwydd, derbyniodd wahoddiad i bregethu i gabidwl Llanharan o gymdeithas gyfeillgar yr Odyddion. Fel hyn y cofnododd Daniel Davies y peth:

> Yr oedd Mr Matthews wedi cyflawni y pechod enbyd, fel y cyfrifid ef y pryd hwnnw, o bregethu yng ngŵyl flynyddol yr Odyddion yn un o bentrefi'r Fro ... Gwaherddid aelodau perthynol i'r Methodistiaid, o dan boen diarddeliad, i ymuno mewn unrhyw fodd â'r cymdeithasau hynny, am eu bod yn dwyn ymlaen eu gweithgareddau yn ddirgelaidd, ac ar y cyfrif hwnnw edrychid arnynt fel cymdeithasau gwaharddedig gan y gyfraith wladol, ac yn perthyn i'r un dosbarth o gymdeithasau â Ribbonites yr Iwerddon. Yn y cyfarfod misol cyntaf a gynhaliwyd ar ôl y bregeth Odyddol galwyd sylw at y trosedd, a chan nad oedd y troseddwr yn ymddangos mor ymostyngar ag y disgwyliai rhai iddo fod, dywedodd y gŵr mwyaf meistrolgar oedd yn perthyn i Fethodistiaeth Morgannwg ar y pryd [William Griffiths, Bro Gŵyr] wrtho, 'Os nad ydych chwi yn barod i ufuddhau yn well o hyn allan i gyfreithiau y Corff, dyna y drws i chwi i fyned allan trwyddo.' (Davies, 'Y Parch. Edward Matthews', 398)

Er bod sylwebyddion diweddarach wedi cofnodi'r hanes er mwyn tanlinellu arwyddocâd y gefnogaeth a gafodd gan William Evans, Tonyrefail –

> Gyda'r gair, neidiodd Mr Evans ... ar ei draed ac meddai yn gynhyrfus, 'Os yw Matthews i fyn'd allan trwy y drws yna, finnau af gydag e'. Gosododd hynny derfyn ar unwaith ar y ddisgyblaeth; ofer oedd ceisio gweinyddu cerydd ar y pregethwr ieuanc os oedd pregethwr mwyaf poblogaidd Morgannwg ... yn mynd i uno ei hun ag ef yn y dull hwnnw. (398; cf. Morgan, *Cofiant*, tt. 43-4)

– nid llai yw'r goleuni a daflodd ar yr haearn a oedd ym mhersonoliaeth Matthews ei hun:

> Safai yntau'n warsyth ym mhen draw'r capel, a dywedodd, 'Fe garwn gael goleuni ar un neu ddau o bethau. Yn gyntaf, a oes rhywbeth yn egwyddorion y bobl hyn sy'n groes i'r Deg Gorchymyn? Yn ail, a yw eu hegwyddorion sylfaenol yn groes i ysbryd y Testament Newydd? Yn drydydd ...' cyn i William Griffiths geisio'i fygu. (Morgan, *Cofiant*, t. 44)

Beth bynnag am nwyf amddiffynnol y gŵr o Donyrefail, daeth hi'n amlwg i bawb nad oedd ofn dyn yn rhan o gyfansoddiad y pregethwr iau. Ni waeth beth am bwysau confensiwn, hyd yn oed confensiynau manylaf y tadau, os argyhoeddwyd Matthews ar fater cydwybod, nid oedd neb na dim a fyddai'n peri iddo droi.

Perthynai'r ail achlysur i 1849 sef diwedd cyfnod Pen-llîn, a chysylltir ef â'r hyn a elwir yn 'Helynt y Llaeth'. Un o nodweddion mwyaf anffodus Methodistiaeth Galfinaidd wedi marwolaeth Thomas Charles o'r Bala yn 1814 a Thomas Jones o Ddinbych yn 1820 oedd ei chulni cynyddol o ran moesoldeb a chred. Gyda John Elias yn teyrnasu yn y Gogledd a Thomas ac Ebenezer Richard yn dal awenau awdurdod yn y De, aed yn fwyfwy selog o blaid cadw manylion y gyfraith heb i hynny'n aml gael ei dyneru gan ras. Roedd helynt yr Odyddion yn Llanharan yn arwydd o'r peth. Ffocws y gofid yn yr 1830au oedd cadwraeth y sabath, ac nid ym Morgannwg yn unig y bu'r effaith. '"Aeth y Corff i'r berw", meddai John Thickens, "a John Elias yn arwain mewn pregethu, ac ysgrifennu, a chymerth y dwymyn afael yn nychymyg Jewin Crescent"' (Gomer M. Roberts, *Y Ddinas Gadarn: Hanes Eglwys Jewin Llundain*, tt. 71-2). Daeth masnachu ar y Sul dan y lach, ac yn neilltuol yr arfer ymhlith llaethwyr Cymreig y brifddinas o fynd o stryd i stryd i ddosbarthu llaeth cyn mynychu oedfa'r bore. I waethygu pethau, tueddai'r aelodau hynny a hanai o'r Gogledd i adlewyrchu sêl eu heilun, John Elias, a galw am ddiarddel y llaethwyr, tra bo'r Deheuwyr, lawer ohonynt yn frodorion o sir Aberteifi, yn fwy cymedrol eu dehongliad o'r pedwerydd gorchymyn. Eu harweinydd hwy oedd Dr Edward Richard, blaenor a thrysorydd Capel Jewin, mab i'r diweddar (erbyn hynny) Ebenezer Richard o Dregaron a brawd i Henry Richard, a ddaeth yn enwog yn ddiweddarach fel 'Apostol Heddwch' ac aelod seneddol Merthyr Tudful. Rhyw fudlosgi a wnaeth yr helynt trwy gydol yr 1830au a'r '40au, gan chwythu a distewi am yn ail. Er i eglwys Jewin ddyfarnu yn 1845 o blaid y dehongliad mwy rhyddfrydol, apeliodd lleiafrif o'r gynulleidfa at y sasiynau yng Nghymru. Yn eu tyb hwy dylai'r llaethwyr fod wedi eu diarddel yn unol â 'deddf Elias', a galwent ar i'r sasiynau gosbi'r euog.

Cyrhaeddodd y tensiwn uchafbwynt yn 1849, gyda charfan o'r eglwys yn ochri gyda Griffith Davies (a oedd yn fathemategydd o fri, ac yn Gymrawd o'r Gymdeithas Frenhinol), cyd-flaenor ag Edward Richard a blediasai'r farn fwy piwritanaidd, a'r lleill gyda Richard ei hun. I ddrysu pethau'n waeth, cyhuddwyd Richard o bocedu'r arian rhent a roddwyd ar gyfer llogi'r ysgol Sul yn Denmark Street, ac yn ogystal â'i ddiaelodi aed ag ef i gyfraith. Y canlyniad, er dirfawr sioc i lawer, oedd i fab Ebenezer Richard gael ei ddedfrydu i dymor o garchar yn Newgate (gw. Roberts, *Y Ddinas Gadarn*, tt. 101-7). Cododd hyn arswyd ar bregethwyr iau y De. Credent fod Richard wedi ei erlid ar gam gan glymblaid ddig yn y brifddinas, a phenodwyd Edward Matthews yn enau i'w hanesmwythyd. Teithiodd i Lundain ym Mehefin 1849 i holi'r cenhadon a ddaeth o'r ddwy sasiwn er mwyn archwilio'r achos, ond nacawyd iddo hawl i siarad. Cafodd ei gyfle, fodd bynnag, yn y gymanfa unedig yn Llandeilo ym mis Awst. Aethai Henry Rees, Lerpwl, a Richard Humphreys, Dyffryn Ardudwy, dau o bregethwyr blaenllaw y Gogledd, yno'n unswydd i adrodd helynt Capel Jewin. Roedd Matthews wedi meistroli holl fanylion yr achos a bu'n ddi-ofn wrth amddiffyn ei ddyn. Cythruddwyd y ddau gennad gan eofndra'r pregethwr o Ben-llîn. 'Y mae gwibedyn yn ddigon hyf i hedeg yn syth yn llygad llew,' meddai Humphreys. 'Mi wn yn burion pwy a olygir wrth y gwibedyn. Ond, atolwg, ym mha le mae'r llew?' atebodd Matthews yn heriol. 'Dyn ieuanc ydych chwi Mr Matthews,' meddai Henry Rees yn geryddol. (Roedd Matthews yn 35 oed ar y pryd.) 'Nid oedran ond egwyddor sydd i setlo'r pwnc hwn,' atebodd ar ei union (Morgan, *Cofiant*, t. 71). Fel yn achos Lewis Edwards o'r Bala tua'r un pryd, dyma brawf fod y genhedlaeth iau o bregethwyr yn gwrthod ildio i awdurdod awtomatig y to hŷn. Yn ôl cofiannydd Henry Rees, cafodd y pregethwr mawr hwnnw ei siglo'n enbyd gan haerllugrwydd y dyn iau: 'Yr oedd yr ymosodiad hwnnw yn un cwbl annheg a diachos, ac mewn ymadroddion haerllug ac anesgusodol' (Owen Thomas, *Cofiant y Parchedig Henry Rees*, t. 499). Asgwrn y gynnen oedd i Matthews gyhuddo'r pregethwr hŷn o gelu'r gwir. Ar ben hynny, pregethodd Matthews yn aruthrol mewn oedfa a oedd yn rhan o'r gweithgareddau, tra bo cenadwri Henry Rees – pregethwr duwiolaf a mwyaf eneiniedig ei gyfundeb ar y pryd – wedi syrthio yn annodweddiadol fflat. Erbyn diwedd y gymanfa roedd safle Matthews ymhlith ei gyd-grefyddwyr wedi'i sicrhau: 'Gosododd y fuddugoliaeth hon ef yn gadarn yn ei le fel arweinydd Sasiwn y De' (Morgan, *Cofiant*, t. 72). A chyda hynny ymadawodd â Phenllîn am byth.

II

O BONTYPRIDD I BEN-Y-BONT

Pontypridd

Ym mis Hydref 1849 symudodd Edward Matthews a Jane o'u cartref ar fferm Pantylliwydd i bentref Pontypridd. Roedd Thomas Truman yno eisoes, yn siopwr o ran bywoliaeth. Roedd un o'i chwiorydd yno hefyd, wedi priodi â dyn busnes lleol o'r enw Richard Davies. Gwahoddwyd Matthews yno gan gynulleidfa capel Penuel i fod yn fugail arnynt, a gofalwyd ei gyflogi'n deilwng. Roedd ef eisoes wedi galw, yn *Y Drysorfa* ddwy flynedd ynghynt, am i weinidogion y cyfundeb gael eu talu'n briodol, ac mewn anerchiad ysgubol gerbron Sasiwn Llangeitho yn Awst 1850, ailadroddodd ei ble gyda mwy eto o rym. Mewn traethiad ar 'Natur Eglwys' pwysodd ar ei gyd-Fethodistiaid i symud oddi wrth gynllun y weinidogaeth deithiol, ddi-dâl, at y fugeiliaeth sefydlog gydag eglwysi yn talu eu bugeiliaid: 'Pe bai mwy o berthynas rhwng gweinidogion ac eglwysi, delai hyn â'r teimladau priodol adref, yr hwn a gynhyrchai fyfyrdod a gweddi, ynghyd â disgwyliad pryderus am lwyddiant ar lafur pob sabbath' ('Ar Natur Eglwys', *Y Traethodydd*, 7 (1851), 114-23 [122]). I Matthews roedd hi'n sarhad fod gŵr mor fawr â John Elias wedi gorfod dibynnu ar fywoliaeth ei wraig: 'Y dyn oedd yn berwi mewn gweinidogaeth ... yn cael ei orfodi i gadw *shop* i ennill ei fara!' (120). Roedd Daniel Davies, Ton yn grwt dengmlwydd oed yn Nhregaron ar y pryd, ac er mor ifanc ydoedd cofiai effaith aruthrol y druth. 'Hwn oedd y tro cyntaf y gwelwyd Mr Matthews gan bobl Sir Aberteifi,' meddai. 'Bobol annwyl! Yr oedd cleciadau y fflangell fel y disgynnai ar gefnau llu o flaenoriaid oedd yn gwneud i fyny fwyafrif y gwrandawyr ar y pryd ... yn arswydus' (Davies, 'Y Parch. Edward Matthews', 450, 453).

Beth bynnag am ergydion y sasiwn, prif gyfraniad Matthews yn ystod ei drigias ym Mhontypridd oedd cyhoeddi, ar ffurf ysgrif yn rhifyn gwanwyn 1850 o'r *Traethodydd*, ei bortread anfarwol o Siencyn Pen-hydd. Daeth allan yn llyfr ymhen y flwyddyn a rhwng hynny a diwedd y ganrif aeth drwy hanner dwsin o argraffiadau, dau ohonynt yn rhai Americanaidd (gw. Gomer M. Roberts, 'Siencyn Pen-hydd'). Os oedd wedi hen ennill ei blwyf fel pregethwr, dyma ef yn profi ei ddawn fel sylwebydd craff ar gwirciau digrifaf y natur ddynol. Roedd ef eisoes yn nhraethodau cynnar *Yr Athraw*, 'Myfyrdod wrth y Nant' (1840-1), wedi dangos fod ynddo nwyd llenor creadigol o'r iawn ryw, ac yn 'Cofiant Pegi'r Glec' (1840) profodd ei allu diamheuol fel comedïwr. Yn Siencyn Pen-hydd cafodd destun a oedd yn ymestyn ei ddawn i'r eithaf. 'Dyma lyfr nad oes ail iddo yn Gymraeg,' meddai ei gofiannydd cyntaf, 'mewn darluniad naturiol, cywrain a gorffenedig o wrthrych ei destun. Y mae Siencyn, a'r holl amgylchiadau, yn fyw o flaen llygaid y darllenydd o'r naill eithafion i'r llall' (D. G. Jones, *Cofiant y Parchedig Edward Matthews o Ewenni*, t. 21); 'Nid oes yn yr iaith ddisgrifiad mwy trawiadol, *true to nature*, o bregethwr bôn y clawdd yn nechreuad Methodistiaeth' (J. J. Morgan, *Cofiant Matthews Ewenni*, t. 75). Enillodd ei le yn ddiymdroi, ac nid ym Morgannwg a de Cymru yn unig. Yn Rhosgadfan ar droad yr ugeinfed ganrif byddai mam Kate Roberts yn medru adrodd ei gynnwys yn rhwydd: 'Cofiaf mai ei dau hoff lyfr yn ei blynyddoedd olaf oedd hanes Siencyn Pen-hydd a phregethau Dafydd Ifans Ffynnonhenri ... Darllenasai hanes Siencyn Pen-hydd gymaint o weithiau fel y gwyddai ef yn drwyadl, a chaem ninnau'r plant glywed ei gynnwys' (Kate Roberts, *Y Lôn Wen*, t. 116). Yn Edward Matthews cafodd Cymru Oes Victoria gyfuniad pwerus o angerdd moesol, dawn bulpudol, y fflangell biwritanaidd ynghyd â greddf y comedïwr. 'Y mae rhai o'r pethau llawnaf o ddawn,' meddai John Morgan Jones, Caerdydd, 'y mwyaf byw a gogleisiol a geir yn yr iaith, wedi diferu oddi ar ei ysgrifbin' (J. M. Jones, 'Rhai o hen weinidogion Morgannwg: y Parch. Edward Matthews', 128). Ac roedd mwy eto i ddod.

Tair blynedd union oedd hyd arhosiad Edward Matthews a'i wraig ym Mhontypridd. O ran eu sefyllfa dymhorol buont yn ddigon cysurus. Adeiladasent dŷ sylweddol yn gartref a phrynu rhes fechan o dai twt fel y gallai'r rhent ychwanegu at y cyflog a ddeuai trwy'r weinidogaeth. Ond oherwydd tensiwn rhyngddo a chyd-bregethwr ym Mhenuel o'r enw Thomas Evans, barnodd mai doeth fyddai symud. Roedd ei galon, beth bynnag, yn y Fro, ac ym mis Hydref 1852 dychwelsant i amaethu tyddyn Ewenni Isaf ym mhentref Ewenni ddwy filltir i'r de-ddwyrain o Ben-y-bont ar Ogwr. Y tirfeddiannwr Gervase Powell Turberville oedd biau'r les, a rhentu'r tir a'r tyddyn a wnaeth Matthews. Tir pori, hanner dwsin o dda a chaseg oedd yn amgylchynu'r ffermdy rhwng y ffordd fawr a'r priordy hynafol, a chan fod Dafydd, hen was Pantylliwydd, wedi dod gyda hwy, gallai Matthews ymroi yn llwyr i bregethu a llenydda. 'Yn Ewenni yr oedd yn byw pan yn ymgodi i'w boblogrwydd mawr,' meddai Daniel Davies, Ton, 'ac fel "Matthews Ewenni" y cymerodd ef feddiant o Gymru gyfan' (Davies, 'Y Parch. Edward Matthews', 400). Ewenni Isaf fyddai ei gartref am y deuddeng mlynedd nesaf.

Pregethwr Ewenni Isaf

Fel pregethwr y gwnaeth Matthews ei enw yn ystod y blynyddoedd hyn. Tyfodd yn eilun i Daniel Davies a oedd bellach yn ei arddegau. Soniodd amdano'n pregethu yn Llangeitho ar ei ffordd i Sasiwn Llanrhystud yn nechrau mis Awst 1853: 'Yr oedd Mr Matthews yn y cyfnod hwnnw arno yn un o'r dynion harddaf a mwyaf golygus y gellid cyfarfod ag ef ymhlith llond tref o bobl' (496). Yn ddeugain oed roedd fodfedd yn brin o fod yn ddwylath, ei ysgwyddau yn llydan; yn wahanol i Islwyn, y bardd, roedd ei ben yn gymesur â'i gorff, ei dalcen yn uchel, roedd ganddo lond pen o wallt a hwnnw'n dechrau britho, a'i ên yn gadarn. Byddai'n gwisgo'n drwsiadus bob amser. 'Pe teflid carthen rawn amdano,' meddai Thomas Rees Cefncoedycymer, 'ni allai lai nag ymddangos yn bendefigaidd' (Morgan, *Cofiant*, t. 190). O Langeitho aeth i gapel gwledig Llwynpiod erbyn y prynhawn i gynnal oedfa gymun a adawodd ei hôl yn aruthrol ar y sylwebydd ifanc. Pregethodd yn rymus anghyffredin yn Sasiwn Llanymddyfri ym mis Ebrill 1854 yng nghwmni Owen Thomas Lerpwl yn ddiweddarach, a Richard Humphreys Dyffryn Ardudwy. (Ni ddywedir a oedd Humphreys yn dal dig wedi'r tensiwn a fu rhyngddynt yn Llandeilo bum mlynedd ynghynt.) Gan na chynhaliwyd sasiwn yn y De ddechrau'r haf, penderfynodd Methodistiaid sir Aberteifi gynnal eu cyfres bregethu eu hunain gyda Matthews a Lewis Edwards y Bala yn brif atyniadau. Dechreuwyd yn y Garn, Bow Street, ganol Mehefin, a symud i Bontrhydfendigaid, Llanon, Llangeitho ac yna i Landysul. Gymaint oedd ei boblogrwydd nes gwahodd Matthews i bregethu gyda'r Undodiaid hyd yn oed, yn Llwynrhydowen yng nghanol 'Y Smotyn Du': 'Yr oedd ei lais yn y blynyddoedd hynny yn beroriaethus tu hwnt i allu ei ddisgrifio' (68). Pregethodd yn Sasiwn Farteg, Mynwy, yn nechrau mis Mehefin 1855 ac fe'i gwahoddwyd ef i'r Gogledd ar gyfer Sasiwn Pwllheli yn ddiweddarach yn y mis. Henry Rees oedd ei gyd-bregethwr yno, ond ymddengys fod cytgord yn teyrnasu bellach rhyngddo a'r gŵr hŷn. Daeth gwahoddiad eilwaith i'r Gogledd, i Sasiwn Môn yn Llangefni, ym mis Mehefin 1857, gydag Owen Thomas yn gydgennad. Pregethodd bedair gwaith ar y Morfa yn Sasiwn Aberystwyth ganol mis Ebrill 1858 a phregethodd eto yn Sasiwn Llaneirwg, Caerdydd, ym mis Medi 1859, adeg y diwygiad mawr. 'Yr oedd cynyrfiadau grymus,' meddid, 'ar y gwrandawyr' (83).

Hyd yma roedd Matthews yn ei lawn rymuster ond cafwyd ysgytwad yng ngwanwyn 1860 pan drawyd ef yn ddirybudd ar ei ffordd i'r Gogledd. Cafwyd ei fod yn epileptig ac o hynny allan bu'n dra gofalus am gyflwr ei iechyd. Newidiodd hefyd ddull ei bregethu gan ddod yn fwy ymddiddanol a hamddenol ei ffordd. Ni fu'n hir cyn adfeddiannu ei nerth. Cafodd oedfa hynod, eto ar y Morfa yn Aberystwyth, a Henry Rees yn gyd-bregethwr, ym mis

Ebrill 1861: 'Bu'r bregeth hon [ar Matthew 18:14] yn un o glasuron cysegredicaf seiadau Gogledd Ceredigion am hanner canrif' (84), a bu cryn orfoleddu ar y maes pan anerchodd yn Sasiwn Cendl, sir Fynwy, ym mis Mehefin yr un flwyddyn. Aeth i'r Gogledd i Sasiwn Amlwch, Ynys Môn, ym mis Mehefin 1862, ac ef a gafodd y safle blaenaf yn ôl ym Mro Morgannwg, yn Llanilltud Fawr, yn Sasiwn mis Awst 1863. Meddai John Morgan Jones amdano, ac yntau wedi cael cyfle i'w glywed droeon yn ystod cyfnod Ewenni ac yn ddiweddarach:

> Wrth ystyried urddas ei osgo, melodi lleddf ei lais, ei hunanfeddiant perffaith ymhob cyffro, treiddgarwch ei ganfyddiad o'r byd ysbrydol, ei allu i gadw gwirionedd mor hir o flaen llygaid ei wrandawyr ... a chyda hynny y floedd dreiddgar ac effeithiol nas gallai cnawd ei gwrthsefyll, y mae yn amhosibl peidio ei osod yn uchel ymysg tywysogion pulpud Cymru, ac ar rai cyfrifon yn uchaf ohonynt oll.
> (J. M. Jones, 'Rhai o hen weinidogion Morgannwg', 128)

Yn wahanol i'w gyfnod ym Mhontypridd, doedd Matthews ddim yn fugail cyflogedig yn Ewenni. Fel ar Graig Pen-llîn, roedd gan y Methodistiaid Calfinaidd achos bychan a chapel cymen ym mhentref Ewenni, sef Soar, ac yn ôl cofnodion cyfrifiad crefyddol 1851, blaenor yr achos oedd Dafydd Arthur o Gorntwn. Achos bychan ydoedd, gyda chynulleidfa'r bore yn 45 ar ddiwrnod y cyfrifiad ac oddeutu 90 gyda'r hwyr, gyda 50 yn yr ysgol Sul (Ieuan Gwynedd Jones a David Williams (goln), *The Religious Census of 1851: A Calendar of the Returns Relating to Wales*, Cyfrol 1, t. 214). Er ei fod yn bregethwr rheolaidd yn yr henaduriaeth ac yn weinidog ordeiniedig yn ei gyfundeb, aelod cyffredin oedd Matthews yn Soar a'i brif gyfraniad, ar wahân i bregethu yn rheolaidd yn ôl cynllun y cyfarfod misol, oedd arwain y seiat. Un o'r blaenoriaid duwiol oedd Dafydd Arthur. 'Gwelsom ambell un wedi codi mor uchel mewn ardal nes byw uwchlaw amheuaeth pawb arall, er amau lawer ei hun' (Morgan, *Cofiant*, t. 88); felly y dywedodd Matthews yn anglladd Dafydd Arthur yng ngwanwyn 1863. Rhwng popeth roedd Matthews yn dra chartrefol yn Ewenni Isaf, yn canolbwyntio ar bregethu, yn teithio oddi cartref yn ôl y gwahoddiad, a'r tyddyn yn ddiogel yn nwylo Dafydd yr hwsmon. Yn nhawelwch y Fro cafodd hamdden hefyd i ddilyn ei awydd i lenydda.

Llenor Ewenni Isaf

Roedd Matthews eisoes wedi bwrw ei brentisiaeth fel llenor. Ar wahân i'r ddawn bortreadu a amlygwyd yn ei ysgrifau digrif, 'Cofiant Pegi'r Glec' yn neilltuol a'i gyfrol ar Siencyn Pen-hydd, gallai ymhyfrydu'n synhwyrus yng ngogoniannau'r cread. Cafwyd argoel o hyn yn rhai o ysgrifau cynharaf Pen-llîn, yn 'Myfyrdod[au] wrth y Nant' yn enwedig. Yn y ddwy ysgrif 'Gwibdaith trwy Fôn ac Arfon' ac 'Ymweliad â Llundain', a ymddangosodd yng nghylchgrawn 'uchel-ael' Lewis Edwards, *Y Traethodydd*, yn 1856, cododd i dir pur uchel. Ac yntau wedi dychwelyd o bregethu yn Sasiwn Pwllheli ym mis Mehefin 1855, daeth awydd arno i geisio adnabod y Gogledd yn well: 'Yr oedd yn ein bryd er ys tro ymweled â'r rhannau uchod o Gymru; a rhyw ddiwrnod yn nechrau Mis Medi diwethaf, cymhellodd cywreingarwch, neu rywbeth, ein meddyliau i gychwyn ar yr hynt anturiaethus' ('Gwibdaith trwy Fôn ac Arfon', *Y Traethodydd,* 12 (1856), 102-117 [102]). Yn ôl ei arfer, sylwi ar hynodion ei gyd-deithwyr a wnaeth wrth gychwyn yn y trên, neu'r 'gerbydres', o Forgannwg: gweddw dlawd a'i chwe phlentyn cwynfanllyd, henwr yn ei blyg, dau deiliwr hocedus yn eu dillad ffasiynol a dwy ferch benchwiban yn maldodi eu cŵn anwes: 'Wrth weled boneddigesau yn magu cŵn, tarawyd ni â syndod delffaidd, yn gymaint nad oeddem yn gyfarwydd ag arferion boneddigaidd' (104). Ond talu sylw i'r golygfeydd a wnâi fwyaf: Bangor, y ddwy bont dros y Fenai, Pwllheli a gwlad Llŷn, Aberdaron ac Ynys Enlli, Porthmadog a Thremadog, Llanaelhaearn a Nefyn. Cyfarfu ag Eben Fardd, er bod peth swildod ar yr ymdeithydd o Forgannwg: 'yn gymaint nad oeddem yn anadlu nemor o awyrgylch y beirdd, nac yn digwydd dyfod i ymdrafodaeth â hwy yn aml ... nad ydym yn gwybod nemor am farddoniaeth, ac heb dderbyn ein magwraeth ar liniau yr awen'

(108). Fe'i syfrdanwyd gan aruthredd Eryri, a'i ddisgrifiadau o'r hyn a welodd yw'r peth mwyaf arhosol yn yr ysgrif gref hon. Wedi cyrraedd Drws-y-coed:

> darfu i ni ymwthio i mewn trwy y drws, er mor gul ydoedd, a chyda hyn, dyma ni i mewn i'r ystafell fwyaf ardderchog a welsoch erioed. Yr ydym yn awr yn neuadd y Duw tragwyddol ... Edrychasom, safasom mewn syndod a braw, ac yn fuan deallasom ein bod yn sefyll ar droed anferthol yr Wyddfa, a hithau yn codi ger ein bron fel hen gofadail creadigaeth. O mor fawreddog ... Y mae ei thyrau ar dywyniad haul fel yn chwarae ym myd y goleuni, ac yn dawnsio yng ngoleuni wyneb y Crëwr gan herio pob ymosodiad. Tynnwch eich hetiau, cerddwch ar eich penliniau, syrthiwch ar eich wynebau, addolwch yr Hwn sydd yn byw yn oes oesoedd: dyma ni o'r diwedd o flaen gorsedd Brenin y brenhinoedd ac Arglwydd yr arglwyddi. Y mae yr olygfa yn creu rhyw deimlad o anfarwoldeb a chyfrifoldeb yn ein heneidiau yn ddigymell. Y mae yn hawdd addoli, o Dduw, yn yr olwg ar dy waith mawr ac ofnadwy. (109)

Gwahanol yw'r ymorchestu addolgar hwn yn aruthredd y greadigaeth i'r chwilfrydedd wrth-fynd-heibio a fynegwyd gan deithiwr craff-ddigrif arall, sef George Borrow, pan ymwelodd â'r union fan yn 1854, flwyddyn o flaen Edward Matthews (gw. *Wild Wales: Its People, Language and Scenery*, tt. 257-62). Prin y gellid cytuno ychwaith ag Ioan Williams, a welodd yn y disgrifiad hwn densiwn rhwng y Galfiniaeth a oedd yn rheoli ei ben a'r Rhamantiaeth, bantheistaidd bron, a oedd mewn perygl cyson o gipio'i galon (Ioan Williams, *Capel a Chomin: Astudiaeth o ffugchwedlau pedwar llenor Fictoraidd*, tt. 7-8). Nid Rhamantiaeth bantheistaidd mo hyn yn null William Wordsworth neu'r Coleridge ifanc, ond y math o ddiwinyddiaeth feiblaidd a geir yn Salmau natur yr Hen Destament neu Broffwydoliaeth Eseia: 'Y nefoedd sy'n datgan gogoniant Duw a'r ffurfafen sy'n mynegi gwaith ei ddwylo ef' (Salm 19:1). A hithau'n deillio o ysgrifbin Matthews, nid oes dim chwithdod ynddi o gwbl. O groesi i Fôn dilyn camre John Elias a wnaed fwyaf, Llanfechell, y Fron yn Llangefni, a Biwmares: buasai'r pregethwr mawr yn ei fedd er degad a hanner. 'Ffurfiodd y dychymyg ddrychiolaeth y pregethwr o flaen ein llygaid,' meddai, 'a'r Beibl yn ei law, yn pregethu yn yr awyr agored, fel y gwelsom ef yn blentyn' (114). Ymwelodd Elias â Bro Morgannwg yn 1823. Mae'n rhaid fod nai dengmlwydd oed Jane Dafydd, Pen-marc, yno yn gwrando arno ar y pryd.

Cywair gwahanol a drewir yn yr ysgrif ddilynol, 'Ymweliad â Llundain'. Nid aruthredd y greadigaeth nac unigrwydd Eryri a gwlad Llŷn a geir yma ond ffwdan a phrysurdeb y brifddinas: 'Dyma Babel y byd – dynion yn gwylltio yma a thraw fel wedi drysu, ac yn disgyn i'r bedd mewn moment, ac heb neb yn gweld eu heisiau' ('Ymweliad â Llundain', *Y Traethodydd*, 12 (1856), 328-57 [329]). Byddai'r cyferbyniad rhwng tawelwch tyddyn Ewenni Isaf, rhwng dyfroedd afonig Ewenni a'r priordy hynafol, a phrifddinas teyrnas fwyaf ymwthgar y byd, yn syfrdanol:

> Dyma eto liaws o lanciau yn gwaeddi yn ein clustiau, 'The Daily News', 'The Daily Telegraph', ac aneirif gyda hwy yn bloeddio yn ddiarbed ac yn ddi-dor, nerth eu clustiau, '*milk, matches, watercress, sprats*', a chant o bethau eraill nad ydym ni yn gyfarwydd â'u henwau. Wele hefyd bobl yn chwarae offer cerdd ac eraill yn canu â'u cegau, tyrfaoedd yn siarad, a llawer yn gwaeddi, ynghyda phob ystŵr a fu dan y sêr erioed, nes syfrdanu pen a chymysgu ymennydd dyn yn llwyr, oblegid amhosibl i neb, debygem ni, gymeryd i mewn yn rheolaidd yr holl bethau hyn ar unwaith. (329)

Dengys yr ysgrif hon chwilfrydedd Matthews ynghylch pethau'r byd, a'r ffaith nad pietist ydoedd; iddo ef roedd gofyn i grediniwr o Fethodist ymddiddori'n gyflawn mewn materion gwladol. Roedd ganddo wybodaeth helaeth ynghylch hanes y deyrnas, ac ymfalchïai yn y traddodiad seneddol. Ymwelodd â Thŷ'r Arglwyddi, Tŷ'r Cyffredin ac Abaty Westminster. Ond Methodist ydoedd wedi'r cwbl: 'Ffarwel i ti, yr hen *abbey*; y mae ffurfioldeb oesau yn rhy drwchus ac yn rhy fudr i oleuni y bywyd ddyfod i mewn. Cadw dy ffurfiau, dy ddelwau a dy hynafiaethau; ffydd yng Nghrist wedi ei groeshoelio i ni' (238). Nid ffurfioldeb y sefydliad gwladol a enynnodd ei ddiddordeb ond gweithgareddau'r Feibl Gymdeithas a'r pregethwyr efengylaidd poblogaidd. Ychydig oedd ganddo i'w ddweud o blaid y Bedyddiwr ifanc, C. H. Spurgeon (1834-92) a oedd yn denu'r tyrfaoedd i gapel New Park Street: 'Y mae y dyn ieuanc hwn yn rhyw debyg i'r fel yr ydych chwi yn siarad weithiau am ambell fachgen sydd "yn dechrau dywedyd tipyn", sef, ei fod yn bur ddiddorol, ac ambell ergyd heb fod yn hollol letchwith' (243). Roedd hi'n well ganddo o lawer yr Annibynnwr Thomas Binney (1798-1874), gweinidog y King's Weigh House ac ymgorfforiad o syberwyd yr Hen Ymneilltuwyr ar eu mwyaf clasurol: 'Os ydych am bregethau â phwysau da ynddynt, cerddwch i Bwysdŷ Binney. Yno, tebygem ni, y cewch y pwysau gorau' (245). Ond y peth a oedd yn ei boeni fwyaf oedd yr esgeuluso mawr wrth bregethu i'r tlodion. Llwyddasai'r Diwygiad Efengylaidd i raddau helaeth i gyrraedd gwerin Cymru. Nid felly yr oedd pethau ym mhrifddinas Lloegr: 'Y mae y werin yn cael ei hesgeuluso; y maent yn baganiaid, heb glywed sŵn efengyl o'r naill flwyddyn i'r llall' (245). Yr hyn a barodd fwyaf o ofid oedd cyflwr truenus ei gyd-wladwyr: 'Y mae yma Gymry yn baganiaid, yn feddwon, yn buteinwyr, yn amheuwyr, yn anffyddwyr ac yn ddirmygwyr crefydd,' meddai. 'Cyfrifir fod yn y ddinas fawr hon tuag un mil ar bymtheg o Gymry, wedi suddo mor isel i bob llygredigaeth ... fel nad ydynt yn mynychu un lle o addoliad o gwbl' (247). Ysgytwad i wladwr o Fro Morgannwg oedd annuwioldeb dinesig ar y fath raddfa â hyn.

Cyhoeddiad nesaf Matthews oedd golygiad o waith pregethwr Methodist mwyaf sir Fynwy, sef Morgan Howells (1794-1852) o Gasnewydd. Un o Fro Morgannwg yn wreiddiol oedd Howells, o Sain Nicolas heb fod nepell o Sain Tathan ei febyd, felly roedd yr atynfa yn un gref. Perthynai i'r un genhedlaeth â Henry Rees a John Jones Tal-y-sarn, ond roedd yn llai enwog na hwy oherwydd iddo gyfyngu ei weinidogaeth i dde-ddwyrain Cymru gan mwyaf. Daeth yn hysbys y tu allan i gylchoedd Methodistiaeth am ei fod yn frawd yng nghyfraith i Richard Lewis, 'Dic Penderyn', a grogwyd yng Nghaerdydd yn dilyn helynt Merthyr Tudful yn 1831. Roedd *Gweithiau y Diweddar Barchedig Morgan Howells, yn cynnwys Pregethau a Thraethodau* (Abertawe: Rosser a

Williams, 1858) yn arwydd o edmygedd Matthews o bregethwr mwyaf y Wenhwyseg hyd at ei ddyddiau ei hun.

Rhwng hynny a'i ymadawiad ag Ewenni ym mis Hydref 1864 cyhoeddodd Matthews ddwy bregeth, 'Iesu Grist yn Un Mawr' (Heb. 1:4) ac 'Archoffeiriadaeth Crist' (Heb. 4:14-15); tair teyrnged: i Mrs Collier, Evan Harris, Merthyr, ac William Griffiths, Bro Gŵyr; dwy ysgrif, y naill ar y weinidogaeth a'r llall yn fath o ysgrif bortread ar yr Apostol Pedr; tair cyfres nodedig y bydd gofyn i ni dalu sylw iddynt yn nes ymlaen, sef 'Mary Ann Williams, Blaen-y-cwm', 'George Heycock a'i Amserau' a 'Rees Hopkin o'r Creunant', ynghyd â'i fywgraffiad o'r arweinydd Methodistaidd o sir Benfro, sef Thomas Richard o Abergwaun. Yr ymrwymiad pwysicaf o ran ei yrfa lenyddol oedd gwirfoddoli i olygu'r cyfrwng a wnaeth fwy na dim i ledaenu ffrwyth ei athrylith, sef *Y Cylchgrawn*, yn 1862.

Ymddangosodd rhifyn cyntaf *Y Cylchgrawn* o dan olygyddiaeth dau Fethodist blaenllaw o Fro Morgannwg, sef John Howell Pen-coed, 'Y Bardd Coch', a William Williams, Pen-llîn (a ddaeth yn weinidog Capel Argyle, Abertawe, yn ddiweddarach) ym mis Ebrill 1851. Ymgais ydoedd i gynnig i Fethodistiaid y De, a'r De-ddwyrain yn arbennig, y gwasanaeth roedd *Y Drysorfa*, o dan John Parry yn gyntaf, ac yna Roger Edwards, wedi bod yn ei gynnig i weddill y wlad er 1831. Daeth y fenter i ben yn 1855 cyn i Matthews, gyda chymorth William Thomas ('Islwyn') ac eraill, ymaflyd ynddi o'r newydd ym mis Ionawr 1862. Syrthiasai pen tryma'r gwaith ar Matthews o'r dechrau; di-ddal oedd Islwyn a rhoes y gorau iddi mor gynnar â mis Rhagfyr 1863. Ond o 1862 hyd 1880, rhwng bod yn 49 ac yn 67 oed, bu Matthews yn olygydd ac yn bennaf cyfrannwr i'r *Cylchgrawn*. Byddai llaweroedd o bobl ym Mrycheiniog, Morgannwg a Gwent, Ceredigion a sir Gaerfyrddin yn awchu am gael darllen ei waith, yn enwedig ei sylwadau ysmala yn ei golofn fisol 'Nyth y Dryw'. Ymddangosodd y golofn gyntaf ym mis Ionawr 1864, ac o hynny ymlaen tan fis Rhagfyr 1880, cyhoeddodd bron i 200 cyfraniad ynddi. Trwy ei bregethu poblogaidd, ei 'nofelau' lliwgar megis *Siencyn Pen-hydd* a *George Heycock a'i Amserau* ac fel awdur 'Nyth y Dryw', daeth

Edward Matthews yn hysbys i gynulleidfa ehangach nag erioed o'r blaen.

Blynyddoedd Treganna

Talu les ar dyddyn Ewenni Isaf a wnaeth Matthews a Jane trwy gydol eu blynyddoedd yno, ond yn 1864, yn sgil cyhoeddi cyfres o ysgrifau miniog eithriadol yn ysgrafellu offeiriaid y Fro yn ei golofn 'Nyth y Dryw' yn *Y Cylchgrawn* (gweler Pennod 5), terfynodd Gervase Turberville y cytundeb yn syth, a bu'n rhaid iddynt adael ar fyrder. Roedd hi'n ergyd greulon i'r ddau ohonynt, yn enwedig o ystyried fod Jane yn 69 oed ar y pryd. Yn annisgwyl efallai, a hwythau'n gymaint o wladwyr, anelu am barthau Caerdydd a wnaethant. Roedd y dref erbyn hynny yn cynyddu'n ddirfawr o ran poblogaeth, ac er gwaethaf presenoldeb helaeth mewnfudwyr o dde-orllewin Lloegr ac Iwerddon gan mwyaf, roedd y Gymraeg i'w chlywed braidd ym mhob rhan ohoni (gw. Owen John Thomas, 'Y Gymraeg yng Nghaerdydd, *c.* 1800-1900'). Tua 20,000 oedd poblogaeth Caerdydd pan gyrhaeddodd Matthews yno, ac ymestynnai'r gymdogaeth ymhell y tu hwnt i'r hen dref ganoloesol gan greu cymunedau newydd yn Grangetown, Adamstown, y Rhath, Cathays a Threganna, neu 'Canton' fel y'i gelwid gan bawb. Ym Magnolia Villa, Heol y Bontfaen, Canton, yr ymgartrefodd Edward a Jane yn gyntaf, cyn symud yn fuan i dŷ mwy gyda gardd goediog a ffrwythlon ynghyd â thŷ gwydr helaeth ar yr un heol. Ni wyddys pam mai Treganna a ddewisasant yn hytrach nag unrhyw ran arall o'r dref, namyn y ffaith ei bod hi'n dawelach yno, yn fwy gwledig ac yn nes at y Fro. Ond efallai fod rheswm arall yn ogystal.

Roedd Methodistiaeth wedi gwreiddio yng Nghaerdydd ers tro, gyda chapel hardd, sef Seion, yn Heol y Drindod (lle roedd llyfrgell y ddinas gynt, yn ymyl Canolfan Dewi Sant erbyn hyn) er 1827. Evan Morgan (1809-53) a wasanaethai yno, brodor o Fro Morgannwg, un a godwyd i bregethu ym Mhen-marc, ac a ordeiniwyd gydag Edward Matthews yn Sasiwn Llangeitho yn 1841. Morgan a gyhoeddodd *Boanerges, neu Hanes Bywyd y*

Parch. Morgan Howells (1853), sef cofiant y pregethwr y byddai Matthews ei hun yn cyhoeddi cyfrol o'i bregethau bum mlynedd yn ddiweddarach. Roedd y ddau ohonynt yn hen gyfeillion ac yn gyfeillion agos, ac erbyn i Morgan ddwyn allan ei gyfrol roedd yn ŵr afiach. Y gwir yw fod pethau'n ddrwg rhwng Matthews a phobl Seion. Ddeng mlynedd ynghynt, wedi marwolaeth ei gyfaill, cyhoeddodd bregeth a achosodd sgandal enbyd ymhlith Methodistiaid Caerdydd. Ni cheir cyfeiriad ati, braidd, gan neb o blith ei gofianwyr. Dim ond Thomas Bowen, hanesydd Methodistiaid y ddinas, sy'n sôn amdani yn blaen: 'Dywedir i'r Parch. Edward Matthews draddodi pregeth angladdol hynod o lem i'r gŵr parchedig, yn yr hon y cyhuddodd adran o'r eglwys o fod yn euog o'i lofruddio' (Bowen, *Dinas Caerdydd a'i Methodistiaeth*, t. 19). Ni restrir y bregeth, a gyhoeddwyd wedyn yn bamffled tair ceiniog, yn llyfryddiaeth *Cofiant* J. J. Morgan, ond dengys yr ymateb gymaint y tramgwyddodd.

Mewn pamffled hunanamddiffynnol deuddeg tudalen o dan y teitl *Gwrthdystiad, neu Lythyr at Ddarllenwyr Pregeth Angladdol y Parch. Evan Morgans (sic), Caerdydd, a draddodwyd gan y Parch. Edward Matthews, Ewenni* (1853), dyfynnir o'r bregeth wreiddiol. Hanes Jacob yn dwyn ar gof y camwri a gafodd Joseff dan law ei frodyr oedd y testun: 'A'r saethyddion fuont chwerw wrtho ef, ac a saethasant, ac a'i casasant ef' (Genesis 49:23). Wedi adrodd yr hanes beiblaidd, aeth Matthews ati i'w gymhwyso at ei wrthrych. 'Bu yn nod i saethau cenfigen, camgyhuddiadau a chelwyddau' (t. 8), meddai. Taenwyd y sibrydiad ar led iddo ddwyn arian yr eglwys, a dioddefodd yn enbyd gan ensyniadau maleisus a di-sail. Hynny, a ychwanegwyd at ei wendid cynhenid, a'i gyrrodd i'r bedd cyn pryd. 'Y mae dwylo llawer ohonoch yn goch gan waed ein brawd,' meddai, 'ond fe ddaw amser i ddatguddio hyn hefyd. Duw yn unig a ŵyr pa bryd a pha fodd' (t. 7). I swyddogion Seion, nid oedd hyn yn ddim namyn sarhad: 'Cymerodd ei hawl o'r pulpud i gyhoeddi anathema ar yr eglwys' (t. 3), meddent; 'Wele ergydion o'r tu ôl i'r coffin – y *barricade* anhecca erioed ... y *barricade* creulona erioed ... ergydion at gymeriadau cyfeillion' (t. 6). I bob pwrpas, cyhoeddodd Matthews ryfel yn erbyn swyddogion capel Seion, a dyma bob cyfeillgarwch yn diflannu am byth. Wele enghraifft arall o blaendra Matthews a'i natur ddi-ofn pan ystyriai fod egwyddor yn y fantol. Byddai symud i Dreganna, ac ymaelodi yn Salem, yr achos newydd a ffurfiwyd yn 1856, lawer yn well i bawb. 'Yn Salem y bwriodd y Parch. Edward Matthews ei goelbren,' meddai Thomas Bowen, 'ac yno y bu'n aelod ffyddlon a gweithgar, gan gysuro'r brodyr ym mhob modd gyda'i lafur diflino' (Bowen, *Dinas Caerdydd a'i Methodistiaeth*, t. 46). Ymhlith y swyddogion yr hynotaf oedd Hopcyn Hopcyn, 'Hopcyn Dwywaith', saer maen ffraeth a ddaeth yn sail, meddir, ar gyfer y cymeriad crafog a doniol Dafydd William Dafydd, arwr colofn 'Nyth y Dryw'.

Roedd Edward yn 51 oed ar ddechrau cyfnod Treganna a Jane yn 69. Ni sonia ddim amdani yn ei ysgrifau ac ni chyfeirir ati gan sylwebyddion. Roedd y cartref yn un croesawgar yn ôl y sôn, a dyfelir bod gan Jane ran yn y lletygarwch. Er bod Matthews yn serchus ei ymwneud ag eraill, ac er iddo ddechrau noddi rhai pregethwyr iau – y myfyriwr disglair John Harris Jones o Glos-y-graig, sir Gâr, a oedd yn gymydog iddo (sef, yn ddiweddarach, Dr John Harris Jones, athro beiblaidd ac is-bennaeth Coleg Trefeca), a'r pregethwr ifanc John Jones Capel Dewi, Ceredigion (Dr Cynddylan Jones wedi hynny) – ychydig iawn oedd yn ddwfn yn ei gyfrinach. Ers claddu Evan Morgan, ac ar wahân i Thomas Matthews Ffontygari, ei frawd, cydnabod oedd ganddo yn hytrach na chyfeillion agos. Yr argraff a geir yw mai un hunanddigonol, pell hyd yn oed, ydoedd, ond yn drwyadl fonheddig serch hynny:

> 'Nyth y Dryw' y gelwid ei fyfyrgell. Deuai William James (un o bregethwyr Caerdydd) a Dafydd Morgan (un o flaenoriaid Salem) ato ar nosweithiau arbennig, a gweithiasant eu ffordd gyda'i gilydd trwy amryw glasuron. *Paradise Lost* fu'r maes un tymor, *Macbeth* dymor arall. Yn awr darllenodd Matthews Emerson. (Morgan, *Cofiant*, t. 91)

Ni fu pall ar ei boblogrwydd yn y pulpud. Ni fyddai Sasiwn y De yn gyflawn hebddo: Llansawel ym mis Awst 1864, Llangeitho flwyddyn yn ddiweddarach, Rhymni ym mis Hydref 1865: 'Cafodd oedfa ar Fatthew 19:29 ("A phob un a adawodd dai, neu frodyr, neu chwiorydd, neu dad, neu fam, neu blant, neu diroedd, er mwyn fy enw i a dderbyn can cymaint, a bywyd tragwyddol a etifedda efe") na pheidiodd y wlad oddi amgylch â chrynu am fisoedd ar ei hôl (Morgan, *Cofiant*, t. 93); Llanymddyfri ym mis Ebrill 1866, ac yn y blaen. Deheuwr oedd Matthews, y De a'i deallodd orau ac yn y De roedd fwyaf cysurus, ond nid oedd y Gogledd yn brin o werthfawrogi ei ddawn. Yn 1865 bu ym Mangor ar gyfer Sasiwn y Gogledd, ymwelodd â Llangefni ym mis Mehefin 1870 a phregethodd ar y maes gydag Owen Thomas, cyn mynd i Gymanfa Gyffredinol Lerpwl dridiau'n ddiweddarach er mwyn eistedd yng nghadair y llywydd. Buasai'n pregethu ers deugain mlynedd erbyn hynny, yn weinidog ordeiniedig ers deng mlynedd ar hugain ac yn hysbys, ynghyd ag Owen Thomas (a oedd flwyddyn yn hŷn nag ef), fel pregethwr grymusaf a mwyaf poblogaidd y genedl. Os oedd y Gymru Fictoraidd ar ei hanterth yn 1870, roedd Edward Matthews ymhlith y disgleiriaf o'i sêr.

'Nyth y Dryw'

Gellid olrhain camre Matthews trwy gydol blynyddoedd Treganna, a chyfnod Tresimwn a'i dilynodd, yn bur rwydd trwy gyfrwng ei golofn 'Nyth y Dryw'. Roedd Cymru yn newid yn ddirfawr yn ystod y degawdau hyn. Roedd y diwydiannu y bu ef yn brofiadol ohono pan oedd yn ddyn ifanc yn Hirwaun bellach wedi trawsffurfio Morgannwg yn llwyr. Roedd miloedd aneirif yn dylifo i'r cymoedd, ac nid dim ond o'r wlad. Saeson a Gwyddelod oedd llawer ohonynt, a'r broses o Seisnigo eisoes yn carlamu ymlaen. Roedd y rheilffordd wedi agor y wlad a theithio wedi troi'n gynyddol rwyddach. Trwy ddisodli Anglicaniaeth fel crefydd y werin roedd Ymneilltuaeth yn prysur ddatblygu'n sefydliad ei hun, yn enwedig yng nghyfundeb y Methodistiaid Calfinaidd. Roedd i'r sefydliad hwn ei wedd wleidyddol. Dyma'r adeg pan ddaeth bod yn Ymneilltuwr yn gyfystyr â bod yn

Rhyddfrydwr. Cyn hir deuai sôn am ddatgysylltu Eglwys Loegr oddi wrth y wladwriaeth, tra byddai'r Eglwys hithau'n dechrau dangos arwyddion adfywiad a thwf. Erbyn yr 1870au daeth addysg yn orfodol, nid addysg yr ysgol Sul ond addysg dymhorol, Saesneg ei chyfrwng, gyda'r seciwlareiddio anorfod a'i dilynai. Roedd Matthews yn dyst i'r cwbl, er iddo gadw rhyw bellter eironig oddi wrtho, a barnu oddi wrth ysgrifau diorffwys 'Nyth y Dryw'. Dafydd William Dafydd yn unig sy'n mynegi arswyd, onid ffieidd-dod, at drwyadledd y newid. Fel Mari Lewis ac Abel Huws yn nofelau Daniel Owen, swyddogaeth Dafydd yw tafoli'r oes newydd yng nghlorian yr hen a'i chael yn brin. Er bod Matthews yn gwybod, fel Daniel Owen yntau, na ellid troi'r cloc yn ôl, gwyddai fod rhywbeth sylfaenol yn mynd i'w golli. Yr hyn a greodd y Gymru Ymneilltuol oedd nid addysg na pharchusrwydd na soffistigeiddrwydd, ond profiadaeth ysbrydol ddofn a chrediniaeth ddiamwys o'r Gwir. Dyna'r union bethau, ysywaeth, oedd yn prinhau yn y Gymru Fictoraidd gynyddus a bras.

Ar wahân i roi ei farn ar faterion y dydd yn grefyddol ac yn dymhorol, weithiau ym mherson Dafydd William Dafydd ac weithiau yn ei lais ei hun, yr un peth mawr y cyfeirir ato yn 'Nyth y Dryw' yw casgliad mawr Trefeca. Rhwng 1857 ac 1862 penododd Sasiwn y Gogledd y pregethwr eiddil Edward Morgan, Dyffryn, i gasglu £20,000 er mwyn sicrhau ffyniant a pharhad Coleg y Bala (gw. D. Densil Morgan, *Lewis Edwards*, tt. 166-9). Ac yntau'n ddeheuwr, ymlyniad wrth Goleg Trefeca fu gan Matthews erioed. Roedd y chwe mis a dreuliodd yno chwarter canrif ynghynt wedi gadael ôl annileadwy arno, ac er nad oedd ganddo nwyd ysgolheigaidd Lewis Edwards, daeth yr un mor eiddgar â phrifathro Coleg y Bala i sicrhau mai gweinidogaeth addysgedig fyddai gan y Methodistiaid Cymreig. Bwriwyd Coleg Trefeca i argyfwng yn 1861 pan ymadawodd ei brifathro, David Charles, a oedd yn frawd yng nghyfraith i Lewis Edwards, er mwyn bod yn fugail ar eglwys newydd Aber-carn ym Mynwy. Nid tan 1865 yr agorwyd y sefydliad drachefn, gyda William Howells yn brifathro a'r Dr John Harris Jones yn ddirprwy iddo. Yna, yn Sasiwn Rhymni ym mis Hydref yr un flwyddyn, awgrymwyd y dylid sefydlu cronfa i godi £20,000 er mwyn sicrhau llwyddiant a dyfodol coleg y De, ac yn Sasiwn Maesteg, ym mis Awst 1866, penodwyd Edward Matthews yn brif ysgogwr. Byddai cryn wahaniaeth rhwng ymgyrch y Bala a'r ymgyrch hon. Yn un peth, nid casglu arian y byddai Matthews ond casglu addewidion am arian. Byddai gofyn i rywrai eraill sicrhau bod yr addewid yn troi'n ffaith, a bod yr arian yn cyrraedd llaw'r trysorydd, sef Mordecai Jones o Aberhonddu. Yn ogystal, roedd egni Edward Morgan ar ddechrau ymgyrch y Gogledd yn gymesur â'i oedran, sef 40; roedd Matthews yn wynebu ar y dasg enbyd o deithio'n ddiarbed o gwmpas y siroedd yn 53 oed. Ac ni ragwelodd neb ar y pryd nad pum mlynedd fyddai hyd yr ymdrech ond pymtheng mlynedd hirfaith a blin. Nid tan 1882, pan oedd natur grefyddol Cymru wedi newid yn ddirfawr, ei hanghenion addysgol wedi eu chwyldroi, a Matthews o fewn misoedd i gyrraedd oed yr addewid, y daeth y cyfanswm i law. Rhwng popeth, bu'r casglu yn boen enbyd a blinder llethol ac yn faen melin am ei wddf.

Fodd bynnag, ymlaen yr aed. Symud yn ddiorffwys a wnâi Matthews yn ystod y blynyddoedd hyn. Traddododd ei araith ymadawol o gadair y Gymanfa Gyffredinol yn Aberdâr ym mis Mehefin 1872, a chafodd gryn sylw. Pledio'r angen am achlesu'r weinidogaeth a wnaeth unwaith yn rhagor, ac mae'n drawiadol sylwi mai gwledig oedd ei holl gyffelybiaethau: cae o wenith yn tanio'n goelcerth wedi iddo sychu'n grimp yn yr haf, pedol yn cael ei thynnu o dân yr eingion gan y gof, y bugail yn mynd â'i ddefaid trwy olchfa (Morgan, *Cofiant*, tt. 98-101). Er ei fod yn byw o fewn tafliad carreg i dref Caerdydd, gwladwr i'r gwraidd oedd Matthews. Roedd ar ei ddedwyddaf yn ymweld â siroedd gwledig Brycheiniog a Cheredigion, heb sôn am ei baradwysaidd Fro: 'Bro Morgannwg, y fro annwyl sydd yn rhan ohonom, wedi cymhlethu trwy ein holl deimladau' ('Nyth y Dryw', *Y Cylchgrawn*, 8 (1869), 104). Bu'n flaenllaw yn Sasiwn Caerdydd ym mis Awst 1872, eto yn Sasiwn Pontrhydfendigaid ym mis Awst 1874, ac uchafbwynt Sasiwn Pontypridd, Awst 1875, oedd yr araith a draddododd yng nghyfarfod teyrnged ei hen gyfaill William Evans o Donyrefail (gw. William Evans, *Cofiant y Parchedig William Evans,*

Tonyrefail, tt. 291-5). Ef a ddewiswyd i gyflwyno i'r patriarch 80 oed Feibl wedi'i oreuro:

> I chwi, syr, y priodolwn agwedd bresennol Methodistiaeth yn y sir hon. Pan godasoch yr oedd y weinidogaeth yn rhy wan i dynnu sylw ... Yr ydym ni yn cofio y dyddiau gwan, eich llais chwi yn codi a'r bobl yn rhedeg o bob man i'ch clywed ... Yr oedd eich pen yn felyn y pryd hwnnw; pa fodd aeth yn wyn? ... Ni chewch byth wallt melyn drachefn, ond dyma'r Beibl sydd yn cynnwys gobaith ieuenctid tragwyddol.

Dygodd ar gof yr achlysur a greodd gwlwm mor dynn rhyngddynt, er gwaethaf y gwahaniaeth oedran, hanner canrif ynghynt. Y pryd hwnnw roedd yr hen gynghorwr Thomas Dafydd, Llangrallo, eto'n fyw:

> Oddi ar hynny, syr, dros yr holl daith, chwi daflasoch adain drosof i'm noddi ... yr unig waith y cynigiwyd y drws i mi, yng Nghapel Seion am bregethu i'r Odyddion, chwychwi gydymdeimlodd â mi, a'm cymryd o dan eich nawdd. Yn awr fy annwyl gyfaill, yn enw Sir Forgannwg, daear gysegredig i chwi bob modfedd ohoni ... yr wyf yn trosglwyddo i chwi y Beibl hwn yn arwydd o gariad diffuant ac o ddiolchgarwch gwresog i chwi, ac i Dduw am eich noddi a'ch cynnal yn ddigwymp ... a bendithio eich llafur mor fawr. (Morgan, *Cofiant*, t. 104)

Roedd y gynulleidfa luosog dan deimlad. Roeddent yn dystion i ddarn pwysig o hanes, sef y cyfnewidiad syfrdanol o greodd y Gymru Ymneilltuol a oedd bellach mor ffyniannus ar yr wyneb ond a oedd mewn perygl eisoes o gael ei thanseilio gan bwerau Seisnigrwydd oddi allan a ffurfioldeb crefyddol oddi mewn. Gwyddai Edward Matthews hynny gystal â neb. Roedd y genedl wedi cyrraedd trobwynt tyngedfennol. Pa ddyfodol fyddai i Gymru'r capel a Chymru'r ffydd?

Tresimwn

Erbyn gwanwyn 1876 roedd Jane Matthews yn 80 oed ac yn dra musgrell. Yng nghwmni ei merch a'i mab yng nghyfraith, Richard Davies, a'i hwyres Jane Anne, symudodd hi a'i gŵr o

EDWARD MATTHEWS, EWENNI

Dreganna yn ôl i'r Fro, i'r Tŷ Mawr, lluest eang a chysurus ym mhentref Tresimwn ar y ffordd fawr rhwng Caerdydd a'r Bont-faen. 'Nid yw y pentref yn bresennol ond bychan a diaddurn,' meddai Dafydd Morganwg, 'a phrif orchwyl y trigolion yw amaethu' (D. W. Jones [Dafydd Morganwg], *Hanes Morganwg*, t. 225). Tua 250 oedd ei boblogaeth ar y pryd, a chartref newydd y teulu union gyferbyn ag eglwys y plwyf. Roedd Soar, capel y Methodistiaid Calfinaidd, tua milltir a hanner i'r gorllewin, fymryn oddi ar y brif ffordd. Tir amaethyddol bras oedd yno, a'r awelon yn chwythu'n iachus o gyfeiriad Môr Hafren. Perthynai i'r Tŷ Mawr berllan eang ac wyth erw o dir pori gyda Richard Davies yno i ofalu amdanynt. Er bod rhywbeth diamser am y Fro, ni olygai hynny nad oedd natur y gymdeithas yn newid. 'Ychydig o deuluoedd bellach sydd trwy yr holl Fro yn siarad Cymraeg ar eu haelwydydd,' meddai adroddiad dienw yn *Y Cylchgrawn* yn 1881:

> Mewn rhai pentrefi nid oes yr un aelwyd hollol Gymreig o'u mewn ... Cynhelir y cyfarfod gweddi, y cyfarfod eglwysig, y cyfarfod pregethu ac hyd yn oed yr ysgol sabbothol yn yr iaith Gymraeg, a'r teuluoedd bob un yn siarad â'i gilydd yn yr iaith Saesneg. ('Methodistiaeth ym Mro Morganwg', *Y Cylchgrawn*, 20 (1881), 297-301 [298])

Saesneg, ysywaeth, oedd iaith yr aelwyd yn y Tŷ Mawr ond nid ymddengys fod Matthews yn effro i arwyddocâd hynny.

Ergyd drom iddo ym mis Hydref 1876 oedd colli Thomas, ei frawd. Er bod Ffontygari a phlwyf Pen-marc chwe milltir i'r de o Dresimwn, ym mynwent Soar y'i claddwyd. Roedd rhywbeth mwy na chonfensiwn yn nheimladrwydd cerdd goffa'r brawd iau i'r brawd hŷn:

> Y nefoedd wen sydd wedi troi yn ddu,
> Fy mrawd, fy annwyl frawd, uwchben dy fedd
> Fy mron sydd friw dan glwyf y marwol gledd;
> Ti syrthiaist fel tywysen aeddfed iawn
> Gan bwysau'r pen, pan fyddo'r ŷd yn llawn.
> 'Myfyrdod y bardd' (*Y Cylchgrawn*, 16 (1877), 136-8 [136])

'I mi y byd sydd heddiw'n gwmwl du,' meddai, 'Yn unig bron heb gyfaill cu' (ibid.). Ffynnai gwir gyfeillgarwch rhyngddynt, ac roedd y golled i Edward yn un lem.

Beth bynnag am ei hiraeth, ni lesteiriai hynny ef rhag pregethu yn yr uchel wyliau ymhell ac agos: sasiynau'r De rhwng Ystrad, y Rhondda, ym mis Mawrth 1877 a'r Dinas, Penfro, ym mis Awst 1883. Gwasanaethodd yn flynyddol adeg y Pasg yn Llundain a bron cyn amled ar y Sulgwyn yn Lerpwl. Yn amlach na pheidio Owen Thomas a fyddai'n cydbregethu ag ef, gyda gŵr iau, sef David Saunders, yn eu dilyn. Bu ganddo feddwl uchel o'r Gyffes Ffydd erioed, y ddogfen a luniwyd gan John Elias ac eraill yn 1826 er mwyn mynegi cred eu cyfundeb. 'Yr ydym yn ddibetrus yn meddwl,' meddai unwaith, 'ei fod mor berffeithied crynodeb athrawiaethol â dim sydd wedi ymddangos i'r byd' ('Cyffes Ffydd y Methodistiaid Calfinaidd', *Y Drysorfa*, Cyfres Newydd, 3 (1849), 349-50 [349]). Rhan o ddefod yr ordeinio ym mhob sasiwn oedd holi'r ymgeiswyr ar ei chynnwys. Fe'i dewiswyd i wneud hyn yn sasiynau Llansamlet yn 1878 a Dowlais yn 1881, ac ef a draddododd y siars i'r gweinidogion newydd eu hordeinio yn Wrecsam yn 1878 ac yn Aberteifi yn 1882. Ar wahân i hynny byddai'n pregethu bob Sul, naill ai yn ei Forgannwg hoff, neu ymhellach i ffwrdd fel rhan o'i deithiau casglu mynych tuag at Gronfa Trefeca.

Roedd ei holl egnïon llenyddol yn cael eu sianelu i'r *Cylchgrawn*, ond roedd argoelion fod hynny'n troi'n faich. Bu'n rhannu'r olygyddiaeth â William Williams, Argyle, Abertawe, er 1872 ac yna, yn 1880, â'i gyfaill ifanc Cynddylan Jones. Byddai'n barddoni lawer yn amlach erbyn hyn, ond ni fyddai ei edmygwyr selocaf yn ei gyfrif yn uchel ymhlith meibion yr awen. Cafodd arfer ei ddawn fywgraffyddol mewn tair cyfres fywiog: yn 1880 cyhoeddodd 'Islwyn fel Pregethwr' ac 'Y Parch. John James, Pen-y-bont ar Ogwr', ac yna yn 1881, cyhoeddodd 'John Howells ysw. Pen-coed, Llangrallo', tywysog blaenoriaid Morgannwg a thad David Howell 'Llawdden', deon Tyddewi ac arweinydd y clerigwyr efengylaidd Cymraeg. Erbyn hynny Matthews oedd pennaf cofiadur Methodistiaeth ei sir. Roedd ei ddiddordeb

cynnar mewn ffigurau fel Howell Howells Tre-hyl, Thomas
Dafydd Llangrallo, William Thomas o'r Pîl, Siencyn Pen-hydd, a'i
adnabyddiaeth o batriarch Tonyrefail bellach yn cwmpasu'r sawl
roedd ef ei hun wedi eu goroesi. Roedd yr hanesydd wedi
ymdoddi'n rhan o'r hanes roedd ef yn ei fawrygu gymaint. Daeth
'Nyth y Dryw' i ben yn ddisymwth ym mis Rhagfyr 1880, sef y
rhifyn olaf iddo'i olygu, a rhyw lusgo byw a wnaeth
Y Cylchgrawn tan 1884. Heb ei egni a'i athrylith doedd dim modd
iddo barhau. Golygai derfyn ar bennod nodedig yn hanes llên
Morgannwg a phennod allweddol yng ngyrfa lenyddol Edward
Matthews ei hun.

Pen-y-bont a'r blynyddoedd olaf

Erbyn 1883 roedd Matthews wedi cyrraedd oed yr addewid a
Jane bellach yn 87. Roedd cadw'r Tŷ Mawr yn ormod o faich ar y
ddau, a dymunai Richard Davies yntau roi'r gorau i ofalu am y
tyddyn, felly ym mis Tachwedd y flwyddyn honno symudodd y
pâr, am y tro olaf yn eu tyb hwy, i Lwyn Onn, tŷ cysurus yng
nghwr gorllewinol tref Pen-y-bont ar Ogwr. Roedd yr ymdeimlad
o ysictod a'i trawodd wrth olygu *Y Cylchgrawn* yn yr 1870au yn
adlewyrchu diflastod enbyd helynt y casgliad. Yn 1870 roedd
£18,000 wedi ei addo i'r gronfa. Yn gyfamserol teimlodd
Matthews awydd nodi canmlwyddiant marwolaeth Howell
Harris trwy godi capel yn Nhrefeca. Penderfynwyd, yn ogystal â
chasglu i'r coleg, gasglu tuag at y capel hefyd. Dyna ddechrau
gofidiau. Llwyddwyd i godi £3000 ar gyfer y capel. Gosodwyd y
garreg sylfaen ym mis Medi 1872 ac fe'i hagorwyd ym mis
Gorffennaf 1873. Roedd cael dau gasgliad at ddau ddiben
gwahanol yn Nhrefeca yn creu dryswch mawr, a chynigiodd
reswm cyfleus i'r bobl a roddodd tuag at y capel beidio â chadw
eu haddewid i gyfrannu tuag at y coleg. Erbyn 1874 dim ond
£13,000 o'r cyfanswm a addawyd oedd wedi cyrraedd. Ar ben
hynny, sylweddolwyd bod angen llawer mwy na'r £20,000
cychwynnol er mwyn sicrhau llwyddiant y gwaith. Po amlaf yr
ymwelai Matthews â'r siroedd, erbyn hyn am y trydydd a'r

pedwerydd tro, mwyaf cyndyn roedd pobl i roi. Dechreuwyd edliw hyn iddo yn y sasiynau ac erbyn diwedd y degad troes 'Casgliad Mr Matthews' yn ddiflastod, yn fwgan ac yn fwrn. Ar yr un pryd daeth galwad ar i ffyddloniaid yr eglwysi gasglu at fenter addysgol anturus a newydd a oedd mewn mwy o gytgord ag anian yr oes, sef y coleg cenedlaethol newydd yn Aberystwyth. Gyda Thomas Charles Edwards, yntau'n Fethodist Calfinaidd blaengar ac iau, yn brifathro arno, cafodd ymgyrch Trefeca ei bwrw i'r cysgod. O'r diwedd, yn Sasiwn Talgarth 1882, hysbysebwyd y ffaith fod yr addewidion oll wedi eu casglu, bod y targed newydd o £23,000 wedi'i gyrraedd a bod yr ymgyrch hirfaith ar ben. Llongyfarchodd y sasiwn Fatthews am ei ddirfawr ymdrech, ac anadlodd pawb ochenaid o ryddhad. Roedd yr hunllef bellach ar ben.

Er i Matthews gael ei ystyried yn batriarch, nid oedd yn boblogaidd gan bawb. Roedd ffyddloniaid eglwysi Morgannwg yn ei anwylo a'r blaenoriaid at ei gilydd yn ei edmygu, ond roedd amryw o'i gyd-weinidogion yn ei ddrwghoffi'n fawr. Mynnai Richard Lumley (1810-84), a fu'n weinidog yng Nghaerdydd ac Abertawe, na fynnai fynd i'r nefoedd os byddai Matthews yno (jôc neu beidio, roedd min ar y dweud), ac ni allai David Saunders (1831-92), eilun iau eglwysi'r sir, ei oddef. Yr un oedd teimlad amryw o rai eraill. Gallai fod yn ddychrynllyd o sgrafellog o hyd, ac fel y nododd Puleston Jones, 'Clywais un o edmygwyr pennaf Matthews yn dywedyd fod elfen o'r teirant ynddo' ('Cofiant Edward Matthews', 134). Roedd fynychaf yn dyner eithriadol tuag at ffyddloniaid cyffredin yr eglwysi ond yn frathog ei dafod tuag at amryw o'u bugeiliaid. Gan ei edmygwyr, a Daniel Davies, Ton yn flaenllaw yn eu plith, y daeth y dysteb a dalodd am y paentiad olew enwog ohono o waith Robert Marks, aelod o'r Academi Frenhinol, a gyflwynwyd iddo yn 1887, lle'i gwelir ar ei fwyaf penderfynol a'i fwyaf pendefigaidd. Daeth y gwahoddiadau i bregethu yn y prif wyliau yr un mor aml ag erioed: Sasiwn Castell-nedd ym mis Ebrill 1888, ac yna i Lannerch-y-medd erbyn mis Mehefin, gŵyl y Sulgwyn yn Lerpwl i ddilyn ac yna yn ôl i Sasiwn Talgarth erbyn mis Hydref. Fe'i trawyd â'r parlys ym mis Mai 1889, a hynny'n rhybudd iddo arafu. Gwellhaodd ddigon i fynychu Sasiwn y De yn Ystrad, y Rhondda, ym mis Awst, ond hon fyddai'i sasiwn olaf. Roedd y blynyddoedd yn gwasgu, a Jane erbyn hynny mewn cyflwr enbydus. 'Mrs Matthews,' meddai ym mis Chwefror 1889, *'is nearly blind, and memory has deserted her, and she is in a state every way so weakly that she requires great attention'* (Morgan, *Cofiant*, t. 168). Hunodd hi yn dawel ym mis Medi 1890, yn 94 oed. Fe'i claddwyd ym meddrod y Trumaniaid ym mynwent eglwys Llansanwyr o fewn cyrraedd i'w hen gartref ym Mhantylliwydd, Pen-llîn. Ymhen chwe mis bu farw ei fentor William Evans, 'Cloch Arian Tonyrefail', yntau wedi cyrraedd ei 94 hefyd. Roedd Matthews yn 77 oed.

Er dirfawr syndod i bawb, a Jane yn ei bedd ers cwta saith mis, ym mis Ebrill 1891 priododd Edward Matthews am yr eildro, y tro hwn â gwraig oedd ddegawdau yn iau nag ef. Roedd Mrs Williams, Tŷ-maen, y Pîl, yn weddw i un o flaenoriaid Capel y Pîl. 'Gwraig radlon, grefyddol, wronaddolgar, ganol oed' ydoedd (Morgan, *Cofiant*, t. 168), yn hanu o Lancatal ac yn aelod yn wreiddiol yng nghynulleidfa Pen-marc. Yn ei henaint cafodd Matthews gymar a faged yng nghylch ei febyd ei hun. Cafodd ofal mawr a chysur ganddi. Wedi cyfnod byr yn y Pîl, dychwelasant i Fryn Eglwys, tŷ helaeth, newydd ym Mhen-y-bont, a dyna fyddai eu cartref olaf. Roedd y llenydda wedi hen ddod i ben erbyn hynny, a'r pregethu hefyd. Câi ei flino gan y parlys yn amlach, ac er bod croeso ym Mryn Eglwys i bwy bynnag a fynnai alw heibio, llesgáu fwyfwy a wnâi Matthews. Bu farw yn dawel ar 26 Tachwedd 1892, ac fe'i claddwyd ym mynwent Eglwys Nolton, nid nepell o'i gartref. Rhoddodd ei wraig golofn urddasol ar y bedd ac mae yno'n deilwng hyd y dydd hwn.

Gyda marwolaeth Edward Matthews gwyddai pawb, o blith Methodistiaid Morgannwg beth bynnag, fod oes aur wedi dod i ben. 'Efe,' meddai Cynddylan, 'oedd dywysog yn Israel – y galluocaf o'i holl gyfoeswyr galluog ... Mr Matthews oedd y mwyaf o'i gyfoeswyr mewn dwy genhedlaeth – y cawr cryfaf yn oes y cewri' ('Araith angladdol', yn Jones, *Cofiant y Parchedig Edward Matthews o Ewenni*, tt. 240, 243). Cydnabuwyd pa mor allweddol ydoedd yn nhwf y mudiad Methodistaidd yn ystod ei oes. 'Ni fedr neb astudio Methodistiaeth, yn enwedig Methodistiaeth y De, rhwng 1840 ag 1890,' meddai Puleston Jones, 'heb astudio Matthews' ('Cofiant Edward Matthews', t. 124). Ond cyfraniad i bregethu ac i hanes crefydd oedd hyn. Wedi degawdau o esgeulustod bu'n rhaid aros tan y 1980au i'r beirniaid ystyried o ddifrif ei bwysigrwydd i hanes ein llên. 'Y mae Edward Matthews,' meddai Ioan Williams, 'ymhlith llenorion mwyaf diddorol a mwyaf cyffrous y bedwaredd ganrif ar bymtheg' (*Capel a Chomin*, t. 3). Ansawdd ac arwyddocâd rhyddiaith greadigol y llenor hynod hwn fydd pwnc y penodau sy'n dilyn.

EDWARD MATTHEWS, EWENNI

III

Y COFIANNYDD

Y deunyddiau cynnar

Y cofiant, yn ôl Saunders Lewis, oedd y ffurf bwysicaf ar ryddiaith greadigol Gymraeg yn y bedwaredd ganrif ar bymtheg: 'Y mae'r cofiant yn gymaint drych o'r gymdeithas Gymreig yn y bedwaredd ganrif ar bymtheg ag ydyw'r emyn yn y ddeunawfed neu'r cywydd yn y bymthegfed' ('Y Cofiant Cymraeg', t. 341). Os oedd ei gwreiddiau yn y ddeunawfed ganrif, yn rhyddiaith ddychmygus Williams Pantycelyn megis *Hanes Bywyd a Marwolaeth Tri Wŷr o Sodom a'r Aifft* (1768) ar y naill law, a'r cofiannau byrion ffeithiol yng nghorff clasur Joshua Thomas, *Hanes y Bedyddwyr ymhlith y Cymry* (1778) ar y llall, yn y ganrif ddilynol y cyrhaeddodd y ffurf ei hanterth. Mae'r cofiannau byrion hyn, o faint ysgrif, ymhlith nodweddion amlycaf cylchgronau mynych y ganrif. Ac roedd i Edward Matthews ran yn y patrwm.

Howell Howells Tre-hyl

Roedd Matthews yn ei ugeiniau, yn goruchwylio fferm Pantylliwydd ym Mhen-llîn, pan ddechreuodd gofnodi bucheddau'r saint. 'Cofiant Mrs Evan Morgan, Caerdydd', sef gwraig ei gyfaill agosaf, oedd y cynharaf ohonynt, ac fe'i cyhoeddwyd yn *Y Drysorfa* yn 1838. Ymddangosodd 'Coffâd am Robert Smith, Pen-llîn' flwyddyn yn ddiweddarach. Cofnodi rhinweddau a duwioldeb cyfoeswyr o blith ei gyd-Fethodistiaid a wnaeth yn gyntaf, a hynny yn unol â'r confensiwn, ond gyda

'Bywgraffiad y Diweddar Barch. Howell Howells, Tre-hyl' (1842) trawodd nodyn yr hanesydd. Un o Ystradgynlais, ym mhen uchaf Cwm Tawe, oedd Howells, a aned yn 1750, bymtheng mlynedd wedi gwawr y Diwygiad Efengylaidd. Eglwyswr ydoedd a gyfunodd sêl efengylaidd ag ymlyniad wrth 'Yr Hen Fam'. Wedi iddo brofi'r pwerau diwygiadol ymunodd â'r seiat a theithio i Langeitho yn fisol er mwyn eistedd dan weinidogaeth Rowland ar Suliau'r sacrament. Dechreuodd arfer ei ddoniau yn lleol, a cheir sôn amdano'n mentro ar daith bregethu i'r Gogledd yng nghwmni'r hen gynghorwr John Evans Cil-y-cwm. Wedi derbyn nawdd gan Griffith Jones, periglor Llanddowror, ceisiodd am urddau yn Eglwys Loegr ac fe'i hordeiniwyd yn ddiacon yn 1781 gan John Warren, esgob Dewi, ac yn offeiriad flwyddyn yn ddiweddarach. Bu'n gurad yng Nglyncorrwg, i'r gogledd o Faesteg, ac yna yn Sain Nicolas yn y Fro. Arweinydd Methodistiaeth Bro Morgannwg ar y pryd oedd Dafydd Jones (1735-1810), ficer Llan-gan, a daeth Howells i bob pwrpas yn ddirprwy iddo. Roedd y ddau ohonynt yn cynrychioli'r hen Fethodistiaeth eglwysig, yn driw i'r gyfundrefn blwyfol tra'u bod ar yr un pryd yn meithrin eu tröedigion mewn seiadau lleol ar hyd y sir:

> Y Trefnyddion y pryd hynny a aent i'r eglwysdai i gymuno, at yr offeiriaid hynny oedd ag arwyddion gweinidogion cymwys y Testament Newydd arnynt. Felly y byddent yn mynd i eglwysdy Sain Nicolas at Mr Howells, ac aml waith y byddai yr hen aelodau yn atseinio mawl i'r gŵr fu ar y groes, er syndod i rai o'r gwyddfodolion, ac amheuthun i'r hen eglwysdy ei hunan. ('Bywgraffiad y Diweddar Barch. Howell Howells, Tre-hyl', *Y Drysorfa*, 12 (1842), 161-3 [161])

Denodd deubeth y Matthews ifanc at stori offeiriad Sain Nicolas a Thre-hyl. Y cyntaf peth oedd ei fod yn cynrychioli grymusterau'r Fethodistiaeth fore pan oedd honno eto'n deyrngar i'r eglwys sefydledig, 'Yr Hen Fam' – corff y byddai gan Matthews barch aruthrol tuag ato ar hyd ei oes – ac yn ail, y cyswllt cadarn â'r Fro. Nid oedd Sain Nicolas namyn ychydig filltiroedd o Sain Tathan ei fagwraeth. Roedd Pen-llîn yn ffinio â Llan-gan ar y naill du a Thre-hyl, cartref diweddarach Howell Howells (ac eglwys Llwyneliddon lle bu'n gwasanaethu) heb fod ymhell ond i gyfeiriad y dwyrain. Fe feddai goruchwyliwr fferm Pantylliwydd gariad angerddol at Fro Morgannwg. Er mor ifanc ydoedd, roedd ei hunaniaeth eisoes wedi ei moldio gan bwerau'r Fethodistiaeth Gymraeg. Roedd dod o hyd i wreiddiau ysbrydol cadarn yn ei fro ei hun yn bwysig odiaeth iddo, ac aeth yn bwysicach wrth iddo dyfu'n hŷn. Edward Matthews, yn anad neb, a greodd hunaniaeth Methodistiaeth Morgannwg o'r defnyddiau a oedd wrth law ym mucheddau rhai fel Thomas Dafydd Llangrallo, William Thomas y Pîl, Siencyn Pen-hydd a Mr Jones Llan-gan – sylwer mai 'Mr' oedd yr offeiriaid bob tro – o blith y rhai a oedd wedi blaenori, a Robert James Glyncorrwg, Mr Howells Tre-hyl, William Evans Tonyrefail ac eraill o blith y rhai a oedd eto'n fyw:

> Llan-gan a gyfrifid yn Jerusalem y dyddiau hynny yn y wlad hon. Yno y byddai llwythau yr Arglwydd yn mynd yn fisol, at yr hybarch a'r anfarwol Mr Jones, i gofio angau y groes ... Yr oedd Mr Jones ac yntau [Mr Howells] yn gyfeillion tu hwnt i'r cyffredin, a chyd-dynasant dan yr iau gweinidogaethol mewn heddwch ... nes i angau wahanu rhyngddynt. (161-2)

Wrth ddisgrifio crefydd yng nghylch Llan-gan yn negad olaf y ddeunawfed ganrif – 'Yr oedd yn amser twym a hwylus ar grefydd yn yr ardaloedd hyn yn yr amser hwnnw' (162) – aeth ymlaen i sôn am briodas Howells â Miss Thomas, merch offeiriad Tresimwn, ei symudiad i dyddyn Nant-brân lle bu'n amaethu, y tensiwn cynyddol rhyngddo a'i ficer, yn neilltuol ar ôl yr ymraniad rhwng y Methodistiaid a'r eglwys wladol yn dilyn yr ordeinio yn 1811, y caniatâd a gafodd gan esgob Llandaf i wasanaethu yn eglwys fach Llwyneliddon yn ymyl y Wenfô, a'i symudiad i Dre-hyl. Yno y cynhaliwyd y seiat, ac er iddo geisio aros yn ffyddlon i'r drefn blwyfol, bu'n rhaid iddo dorri'n derfynol ag Eglwys Loegr yn 1818, ac o hynny allan ymroes yn llwyr i waith y Methodistiaid Calfinaidd. Fel yn achos yr hen bregethwr

Richard James o Lyncorrwg, ffynhonnell ei wybodaeth am Siencyn Pen-hydd, cadwodd Matthews gyfeillach â'r gwron hwn ar hyd blynyddoedd Pen-llîn a thrwy hynny ddiogelu'r traddodiadau am y tadau hyd y gallai. Bu farw Howells wedi cyrraedd yr oedran teg o 92 oed yn 1842. 'Yr ydwyf yn cyfaddef fod llawer yn fwy doniol [h.y. dawnus] pregethwyr na gwrthrych y cofiant hwn,' meddai, 'ond nid wyf yn gwybod am neb yn fwy rhinweddol' (163).

William Thomas o'r Pîl

Daeth nwyd yr hanesydd i'r golwg nesaf yn ei ysgrif 'William Thomas o'r Pîl' a luniodd yn 1849 pan oedd ar fin gadael Pen-llîn am Bontypridd. Mae gwrthrychedd y cofiannau cynnar yn dechrau ildio i arddull arabus, drofaus ei weithiau aeddfetach, fel pe bai'n ymarfer ar gyfer y darlun cyflawn ddoniol o Siencyn Pen-hydd a fyddai'n ymddangos ymhen blwyddyn. Nid offeiriad parchus oedd 'fy ewythr William Tŷ-draw' ond un o'r cynghorwyr garw, di-ddysg a oedd yn flaenffrwyth cynhaeaf y Diwygiad Efengylaidd yn y sir. Yn frodor o blwyf Margam, fe'i ganed yn 1723 a daeth i argyhoeddiad pan oedd yn llanc 16 oed yn ystod ymweliad cyntaf Howell Harris â'r lle. Wedi olrhain sut y daeth o hyd i sicrwydd ffydd ac yna sôn amdano'n priodi ac yn dechrau pregethu, mae'n tynnu darlun byw o wreiddiau'r mudiad ym Morgannwg: 'Yr oedd enw William Thomas o'r Pîl mor adnabyddus ymhlith yr hen bregethwyr, a'r teithwyr cymanfaoedd, ag oedd bara a chaws' ('William Thomas o'r Pîl', *Y Drysorfa*, Cyfres Newydd, 3 (1849), 33-6 [34]). Gŵr o ysbrydolrwydd dwys fyddai Thomas ar hyd ei oes, a'i dduwioldeb yn werinol syml:

> Clywid ef ... yn ymbil dros deuluoedd penodol yn y gymdogaeth, weithiau dros bersonau unigol megis 'Cofia, Arglwydd, am Twm, Siôn, Mari, Betsi o'r fan a'r fan. Y maent yn annuwiol iawn, neu yn gystuddiol' neu rywbeth. Weithiau byddai eglwys y Pîl ganddo ar ei liniau, brydiau eraill achos y sir, y cwrdd misol ac felly ymlaen. (36)

Er gwaethaf ei gyswllt ag Eglwys Loegr, a pharch greddfol ei aelodau at awdurdod yr offeiriaid, mudiad trwyadl werinol oedd Methodistiaeth, a byddai nod y pridd arno am ddwy genhedlaeth o leiaf. Wrth ddarlunio nodweddion y gŵr o'r Pîl, taflodd Matthews oleuni llachar iawn ar briod nodweddion y Fethodistiaeth gyntefig:

> Yr enwau yr adnabyddid y pregethwyr gynt oedd Twmi, Bili, Eben, Jones y barbwr, Jac o'r 'Sgubor, Sioni bach y *divine* ac yn y blaen, yr hyn sydd yn parhau i raddau hyd y dydd hwn. Bydd y crwtiaid yn siarad am hen bobl yn henach na'u hen daid hwy fel pe byddent yn grwtiaid hefyd. (35)

Un o themâu cyson ysgrifau 'Nyth y Dryw' yn yr 1860au a'r '70au oedd y broses o ymbarchuso a ddigwyddodd i'r mudiad Methodistaidd a'r golled a ddeilliodd o hynny. Roedd Thomas (1723-1811) yn ei fedd ddwy flynedd cyn geni'r cofiannydd, ond prif swyddogaeth Matthews oedd cadw'r etifeddiaeth yn iraidd ac yn fyw. Ac yntau'n awdur ifanc o hyd, roedd yn brofiadol o Fethodistiaeth yn niwedd ei hoes aur, ac fel arweinydd canol oed a hŷn byddai'n cyfrannu'n sylweddol at ei hansawdd yn ystod ei hoes efydd. Byddai bywyd hirfaith Edward Matthews yn rhychwantu dau gyfnod a dau fyd.

'Pregethwyr a Phregethu Cymru'

Ar wahân i *Cofiant y Parchedig J. Harris Jones* (1886) a ysgrifennodd ar y cyd â'i gyfaill ifanc J. Cynddylan Jones yn ddiweddar iawn yn ei yrfa, yr unig gofiant confensiynol ar ffurf cyfrol a luniodd Matthews oedd *Bywgraffiad y Parchedig Thomas Richard, Abergwaun* (Abertawe: Joseph Rosser, 1863). Aethai degad a hanner a mwy heibio ers y cofiannau cylchgronol. Roedd cyfnod Ewenni yn dod i ben ac yntau bellach yn hanner cant oed ac ar fin gadael y Fro am Dreganna. Yn ogystal â darlunio buchedd y gwrthrych, prif nodwedd y gwaith hwn yw'r ysgrif ragymadroddol, 'Pregethwyr a Phregethu Cymru' (tt. i-xlvii). Mae'n ddogfen dra phwysig. Dyma ymgais gan sylwebydd mewnol i ddadansoddi ansawdd ac arwyddocâd y pregethu poblogaidd a ddechreuodd gyda'r Diwygiad Efengylaidd ganrif ynghynt ac a greodd y Gymru Ymneilltuol roedd Matthews yn gymaint rhan ohoni. Roedd y Bedyddiwr Christmas Evans (1766-1838) wedi rhoi cynnig ar rywbeth tebyg mor gynnar ag 1812 ('Cyflwr crefydd yng Nghymru (1812)', yn Owen Davies (gol.), *Gweithiau Christmas Evans*, Cyfrol 3, tt. 13-20, gw. D. Densil Morgan, *Christmas Evans a'r Ymneilltuaeth Newydd*, tt. 159-76), a byddai hanesydd yr Annibynwyr, Thomas Rees (1815-85) Abertawe, yn cynnig esbonio'r un realaeth yn chweched bennod ei gyfrol bwysig *A History of Protestant Nonconformity in Wales* (1861). Nid tan y penodau meistraidd ar bregethu Cymru yng nghofiant mawreddog Owen Thomas i John Jones Tal-y-sarn yn 1884 y caed y traethiad terfynol ar y pwnc. Ond roedd apologia Matthews yn glasur o'i fath:

> Pregethwyr a phregethu sydd eiriau bob dydd a braidd pob ymddiddan yng Nghymru. Siarad cyffredin tai ydyw pregethwyr a phregethu, ie, dyma y prif bethau a siaredir ar hen aelwydydd Cymru. (t. v)

Beth bynnag am yr ormodiaith sydd ynghlwm wrth yr haeriad hwn a'r awgrym fod annuwioldeb wedi darfod yn y wlad, roedd yn cyfleu rhyw wirionedd diamheuol ac yn nodi'r ffaith mai'r diwylliant poblogaidd i filoedd lawer o'r Cymry oedd diwylliant y capel a'r gymanfa:

> Peth cyffredin yng Nghymru yn y nos, yn y gaeaf trymaidd, fydd siarad am yr hen bregethwyr, y cyfarfodydd misol a'r cymanfaoedd ers llawer dydd (tt. v-vi) ... Ie, pregethwyr a phregethu yng Nghymru sydd yn siarad tŷ, yn ymddiddanion aelwydydd, yn ymrafaelion weithiau, yn heddwch a mwynhad brydiau eraill, yn ddadleuon creulon, yn gytundeb hapus, yn llafur a lludded gwŷr a gwragedd, ac yn chwarae plant. (t. viii)

Nid hanesydd yn ôl ei broffes oedd Matthews ond perthynai i olyniaeth o grewyr mythau a Robert Jones Rhos-lan a *Drych yr Amseroedd* (1820) yn amlwg yn eu plith. Mynnent ail-liwio Cymru yn unol â'r delfrydau Methodistaidd nad oeddent eto nemor ganrif oed ar y naill law, a'i gosod yn y traddodiad gwlatgar Prydeinig a âi yn ôl at Gildas, Sieffre o Fynwy a

EDWARD MATTHEWS, EWENNI

Theophilus Evans yn *Drych y Prif Oesoedd* (1716/1740) ar y llall. Yn ôl y farn bwerus honno y Cymry oedd biau'r ynys ac er bod sofraniaeth wedi ei cholli trwy ddichell y Sais, nid ar honno y dylid rhoi bryd bellach ond yn hytrach ar y trysorau ysbrydol a ddaeth (i Robert Jones ac Edward Matthews o leiaf) yn sgil y Diwygiad Efengylaidd. 'Craidd y traddodiad,' fel yr esboniodd Dafydd Glyn Jones, 'yw bod y Cymry, drwy ragofal Duw, wedi cael y Breintiau Mawr yn gyfnewid am sofraniaeth wleidyddol' ('Yn Nrych yr Amseroedd', *Agoriad yr Oes: Erthyglau ar lên, hanes a gwleidyddiaeth Cymru*, t. 37). Ys dywed Matthews:

> Fel gwlad orchfygedig, ac yn ddarostyngedig i lywodraeth estronol ... dioddefodd Cymru lawer o gam a cholled am oesoedd ... Eithr yn yr amddifadrwydd o lawer o ragorfreintiau a fwynheir gan genhedloedd eraill, y mae Cymru wedi ei breintio a'i bendithio â phregethu mwy pur, mwy tanbaid ac efengylaidd, er gwneud i fyny am yr holl golledion hyn, ie, a mil mwy. (t. x)

Beth bynnag am oblygiadau anffodus y syniadaeth hon i ddatblygiad gwleidyddiaeth y genedl, nid oes amheuaeth am ei phŵer wrth sefydlogi hunaniaeth wladgarol y Gymru Ymneilltuol yn nechrau Oes Victoria, ac roedd ymdriniaeth Matthews â hi yn bur ddeheuig: 'Gwelodd ein Harglwydd yn dda i fendithio Cymru â phregethu heb fod yn ail i un wlad dan haul' (t. xi). (Cf. W. P. Griffith, '"Preaching second to no other under the sun": Edward Matthews, the nonconformist pulpit and Welsh identity during the mid-nineteenth century'.)

Gwyddai'r darllenwyr yn burion fod yr awdur yn enghraifft berffaith o'r union ffenomen y ceisiodd yr ysgrif roi cyfrif amdani. Yn ystod cyfnod Ewenni y cyrhaeddodd enwogrwydd Matthews fel pregethwr ei anterth, ac roedd yr un mor hysbys erbyn hynny yng Ngwynedd a Môn ag ydoedd ym Mlaenau Morgannwg a'r Fro. Nid darlithydd oedd pregethwr ond cennad wedi'i gynysgaeddu â neges uniongyrchol oddi wrth Dduw:

> Pe gosodech ddeng mil o ddynion o flaen y *Bampton Lecturer*, ni wnaent gymaint â gwrando arno, ond gosodwch John Elias, yr hen Gristmas, Ebenezer Morris, neu un o'r Richards [Ebenezer neu

> Thomas] o'u blaen, dacw allu! dacw effeithiau! Y mae rhywbeth yn *myned*, ys dywed y bobl, rhyw wynt nerthol fel yn cerdded trwy yr eneidiau, yn eu hysgwyd hyd eu gwraidd, a'u cyrff yn cael eu hysgwyd o'u pennau i'w traed hefyd ... Dynion yw y rhai yna wedi eu gwneud gan Dduw i bregethu yr efengyl i'r werin er eu hachubiaeth. Dynion ydynt o dan oruchwyliaeth Ysbryd Duw yn gyson, er mwyn eu cadw o dan argraff briodol i'w phregethu, a dynion o dan ddylanwad dwyfol yn traddodi. Eu hunig amcan yn eu llafur oll, ie, ym mhob pregeth, i droi rhywrai o gyfeiliorni eu ffyrdd, a chadw eneidiau rhag angau. (t. xiii)

Ac mae hynny'n gystal esboniad o gyfrinach y pregethwr diwygiadol â dim. Ymfalchïodd Matthews yn y Gymru hon, a hi a gynrychiolodd ei holl ddyheadau: 'A chymryd popeth o dan sylw,' meddai, 'gall Cymru ymffrostio eto, er yn amddifad o lawer o bethau, mai ynddi hi y mae y pregethu gorau yn y byd, ac ynddi hi hefyd y lletya y teimlad cryfaf at wrando pregeth' (t. xvi).

A hithau'n amddifad o strwythurau sefydliadol, hanfod cenedligrwydd Cymru oedd ei diwylliant a'i hiaith, a'r efengyl bellach wedi ymblethu â hwy. 'Gellid meddwl fod yr iaith, bywiogrwydd y genedl a hynodion y cymeriad Cymröaidd, wedi cael bod i ddibenion efengyl,' meddai. 'Y maent yn rhyw fodd yn taro ei gilydd, ac yn dra chydnawsol' (t. xviii). O ystyried y potensial i wneud sylwadau amrwd ac anneallus ar bwnc mor anodd â hyn, mae'n rhyfedd pa mor aeddfed oedd ymdriniaeth Matthews â phwnc cenedligrwydd a'r Gymraeg:

> Y mae'r iaith yn gyfrwng y teimladau cenedlaethol, yn trosglwyddo yr awgrymiadau cenedlaethol yn hapus ac yn arwyddocaol; mewn gair y mae holl hanfodion a theimladau cenedlaethol yn ymweithio drwyddi, ac yn gymhlethedig ynddi. Mae'r genedl a'r iaith wedi tyfu ynghyd, wedi ymgymysgu yn ei gilydd a thrwy'i gilydd, wedi eu cydwau wrth gael eu magu ynghyd, ac wedi ymgordeddu y naill yn y llall. Tebyg ydynt i'r ddaear a thyfiant, y naill sydd yn ymwreiddio yn y llall, fel y mae'r ddau yn un, yn hollol naturiol heb na thrais na gorchest. (t. xxv)

Gall gloi'r cwbl mewn epigram cofiadwy: 'Iaith yr hen Gymry, eu mynyddoedd cribog, certh a mawreddus, sydd yn gymhlethedig drwy'i gilydd; y maent wedi eu cydfagu ac yn caru ei gilydd fel rhieni a phlant' (ibid.).

Os na allai Cymry Oes Victoria ymfalchïo mewn sofraniaeth wleidyddol, gwyddent eu bod yn rhagori ar y Saeson mewn un peth o leiaf: eu crefydd. 'Nid yw gwerin Lloegr ond y peth nesaf at baganiaid mewn cymhariaeth i werin Cymru, nid ydynt yn meddwl rhyw lawer am ddim ond eu gwaith a bwyta ac yfed,' meddai; 'Mor sicr ag yr ydych yn fyw, y mae'r werin Seisnig yn baganiaid yn ymyl y Cymry yn y materion hyn' (t. xxx). Anffawd y Gymraeg yn ystod y cyfnod hwn oedd iddi gael ei chyfyngu i iaith crefydd yn unig, heb gael ei hystyried yn addas i fod yn gyfrwng digonol ar gyfer pob dim. Fel pawb arall ar y pryd, ni allai Matthews weld bod modd osgoi hyn. 'Iaith masnach yn bennaf yw iaith y Sais; iaith efengyl yw iaith y Cymro,' meddai; 'Gellid meddwl weithiau ei bod yn gysygredig ac wedi ei chadw yn ofalus gan ragluniaeth i ddibenion yr efengyl' (t. xxvii). Yr hyn sy'n ein taro'n chwithig erbyn hyn yw nid y sylwadau annerbyniol ynglŷn â chyfyngu'r Gymraeg i gylch crefydd, ond y ffaith mai Saesneg oedd iaith ymddiddan Edward Matthews a Jane, ac y byddai Bro Morgannwg gyfan cyn pen dim yn dilyn yn eu sgil. Erbyn diwedd oes Matthews byddai crefydd hithau mewn perygl wrth i werin y Fro droi oddi wrth y Gymraeg (gw. John Gwynfor Jones, *'Her y Ffydd: Ddoe, Heddiw ac Yfory': Hanes Henaduriaeth Dwyrain Morgannwg 1876-2005*, tt. 49-51), ond hyd yn oed yn lloffion mynych 'Nyth y Dryw' ddegad a mwy yn ddiweddarach, nid ymddengys fod ganddo fawr ddim i'w ddweud ar y pwnc.

Ond pregethu, nid y Gymraeg, oedd pwnc yr ysgrif hon. Fel rhan o'r mythos, roedd gan y Gymru newydd ei harwyr a'i chewri – Dafydd Jones Llan-gan, Christmas Evans, Ebenezer Morris, John Elias, a John Jones Tal-y-sarn: 'Tebyg iawn fod Kent ac Essex yn wledydd da iawn i dyfu gwenith, nid gwiw i'n gwlad ni gystadlu â hwynt yn hynny, ond ni thyfodd yr un Christmas erioed yn y tir hwnnw. Hen Gymru sydd yn tyfu Christmasiaid' (t. xxxii). Yn wahanol i Robert Jones Rhos-lan – a dyma rywbeth y byddwn yn talu sylw manylach iddo yn y bennod nesaf – nid adrodd helynt erledigaethau yn erbyn y Methodistiaid cynnar a wna Matthews, ond yn hytrach ddathlu creadigaeth y Gymru newydd trwy fuddugoliaeth ysgubol y pregethwyr mawr. Yn eu plith roedd Thomas Richard Abergwaun: 'Ein gorchwyl ni yn awr yw neilltuo un o bregethwyr mawr Cymru, ac ymdrechu gorau y gallwn i gyfrif am nerth a mawredd hwnnw' (t. xxxvi).

Bywgraffiad Thomas Richard Abergwaun

Thomas Richard (1786-1856) ac Ebenezer ei frawd, o Dre-fin yn sir Benfro, oedd dau brif arweinydd Methodistiaid y De. Ordeiniwyd Thomas yn 1814, dair blynedd wedi sefydlu cyfundeb y Methodistiaid Calfinaidd yn gorff annibynnol, a daeth yn hynod ddylanwadol fel pregethwr grymus a phoblogaidd. Erbyn dyddiau llencyndod Matthews, Thomas, llywydd Sasiwn y De, ac Ebenezer (a oedd wedi symud erbyn hynny i Dregaron) ei ysgrifennydd, oedd yn llywio holl weithgareddau'r corff yn y dalaith. Tuedd y Methodistiaid wedi marw yr hen arweinyddion, Thomas Charles o'r Bala yn 1814 a Thomas Jones o Ddinbych yn 1820, oedd mynd yn fwyfwy caeth o ran eu hathrawiaeth ac yn fwyfwy cul o ran eu moesoldeb, ac nid tan gyfnod Lewis Edwards yr ehangwyd eu golygon drachefn. Ymfalchïodd y ddau frawd yn eu hawdurdod, onid eu tra-awdurdod oddi mewn i'w cyfundeb, ac roedd ganddynt yr enw o fod yn ddisgyblwyr didostur a llym (gw. D. Densil Morgan, *Lewis Edwards*, tt. 15-18). Serch hynny, ni allai neb amau doniau pregethwrol hynod Thomas na doniau gweinyddol ei frawd, a thrwy gydol ieuenctid Matthews cynrychiolent bopeth a oedd yn nerthol, llwyddiannus a dengar ynghylch y Fethodistiaeth Galfinaidd Gymreig.

Mae i'r bywgraffiad ei gryfderau pendant. Gwnaeth Matthews waith ymchwil trwyadl ar ei wrthrych, fe'i holodd yn fanwl am ei atgofion a chafodd ddefnyddio ffynonellau ysgrifenedig o eiddo Richard ei hun. Mae apêl yr hen Fethodistiaeth gyntefig yn amlwg. Fel hyn mae'n sôn am Henry Richard (1740-1813), tad Ebenezer a Thomas: 'Pregethwr bach oedd Henry Richard, tipyn o bregethwr gwlad cyffredin, yn mynd a dod yn ôl ac ymlaen, yn ddigon tawel ar y ceffyl bach, ac edrych ar ôl y tir yn yr wythnos' (*Bywgraffiad,* t. 84). Mewn geiriau eraill, roedd yn debyg i Siencyn Pen-hydd, Iefan Tŷ-clai a'r arloeswyr eraill. Roedd Thomas Richard yn un ar ddeg oed pan laniodd y Ffrancod ar drwyn Carregwastad ger Abergwaun, a bu'n llygad-dyst i'r digwyddiad (tt. 5-6). Ond prif fater y gyfrol yw nid anturiaethau cyhoeddus o'r fath pa mor ddramatig bynnag y bônt, ond materion enaid fel yr hanes am ei dröedigaeth, yr hunanymchwilio poenus a oedd yn rhan anhepgor o'r duwioldeb piwritanaidd, a'r hyn a'i harweiniodd i fod yn bregethwr ac yna yn bregethwr mawr. Yn debyg i'r hyn a gafwyd yn *Cofiant Thomas Charles* (1816) a *Hunangofiant* Thomas Jones o Ddinbych (1820), sef y llenyddiaeth gyffesiadol a oedd yn rhan o gynhysgaeth y Fethodistiaeth glasurol (gw. Derec Llwyd Morgan, 'Llenyddiaeth y Methodistiaid'), aeth Richard trwy waeau yn ofni nad oedd ymhlith yr etholedigion, yna iddo fod yn euog o bechu'r pechod anfaddeuol nes ei argyhoeddi'n amgen gan fodryb dduwiol ddoeth o Dyddewi, ac yna poenai mai ei dwyllo ei hunan yr ydoedd ac nad oedd wedi profi gwir dröedigaeth yn y lle cyntaf. Fel Thomas Jones yn ei *Hunangofiant,* daeth o hyd i dawelwch meddwl trwy gael dealltwriaeth drylwyrach o natur raslon yr efengyl, ac yn dilyn hynny, yn 1806, dechreuodd bregethu. Ceir dyfyniadau helaeth o'i ddyddiadur yn olrhain ei deithiau trwy holl siroedd y De, darlun sy'n portreadu natur ddiorffwys y genhadaeth Fethodistaidd yn negad cyntaf y bedwaredd ganrif ar bymtheg. 'Nid oedd ganddo amser i siarad am ddim braidd,' meddai Matthews, 'ond am grefydd' (t. 79).

Un thema gyson yn y cofiant yw gwrthgyferbynnu Methodistiaeth yn ei hoes aur a'i chyflwr cyfoes: 'I ble yr ewch i edrych heddiw yng Nghymru am bregethwyr fel Jones Llan-gan, Evans Llwynffortun, Elias, Ebenezer Morris, y ddau Richard, a lliaws eraill? Edrychwch lle y mynnoch, edrych ofer fydd, canys nid ydynt i'w cael heddiw' (ibid.). Nonsens oedd hyn mewn gwirionedd. Roedd William Evans Tonyrefail a Henry Rees eto'n fyw, tra bo ymhlith cyfoeswyr Matthews bregethwyr cystal â neb o blith y genhedlaeth gynt: Lewis Edwards, John Phillips, Roger

Edwards yr Wyddgrug, Owen Thomas, Edward Morgan Dyffryn heb enwi dim ond rhai. Roedd effeithiau ymchwydd mawr Diwygiad 1859 yn dal yn y tir, a safon y pregethu yn aruthrol uchel o hyd: roedd Matthews ei hun yn enghraifft o'r peth. Ond at ddibenion y mythos Methodistaidd, roedd rhaid gwarchod arbenigrwydd yr arloeswyr trwy dynnu sylw at wendid eu holynwyr: 'Nid yw ond o hanner cant i drigain mlynedd oddi ar y dechreuodd [Thomas Richard] bregethu, ond eto yn hynny o amser mae y byd wedi newid amryw o weithiau, a'r pregethwyr wedi newid fwy o weithiau na hynny' (t. 78). Rhan o gonfensiwn cofiadur y traddodiad oedd hwn. Er nad oedd Matthews lawer dros ei hanner cant, fe'i gwelai ei hun yn ddolen mewn cadwyn a gysylltai'r oes gychwynnol â'r oes bresennol: 'Y rhai hyn oeddent ddefnyddiau teml gyntaf y Methodistiaid, y rhai nad yw y bobl ieuainc yn eu cofio, nac yn gwybod ond ychydig amdanynt, a hynny trwy draddodiad' (ibid.). Rywsut, roedd golau'r oes bresennol yn bŵl ryfeddol o'i gymharu â gogoniant llachar yr oes aur: 'Eithr yr hen bobl annwyl, gweddillion angau dwy oes, y maent hwy yn wylo dagrau wrth edrych ar salwch yr ail deml, yn gymaint â'u bod yn cofio'r gyntaf' (ibid.). Nid hanes 'gwrthrychol' mo hyn, os oes y fath beth, ond ymgais fwriadol i warchod hygrededd hunaniaeth a oedd eisoes yn rymus yn y wlad.

O ran gweddill y gyfrol, mae ynddi gyffyrddiadau cofiadwy. Mae'n darlunio apêl y pregethu torfol yn effeithiol iawn:

> Pan y delai yr amser yn agos, byddai yr ardal lle y byddai yr oedfa yn cyffro mwyaf drwyddi, y ffermwyr yn gollwng y ceffylau oddi wrth yr aradr, y saer yn taflu y fwyall naill ochr, y gof yn diffodd y tân, y crydd yn tynnu yr arffedog ledr a'i thaflu y naill ochr fel pe na buasai ei heisiau byth mwyach, y menywod yn troi pob peth heibio gan addo gwneud y cwbl ar ôl y cwrdd. Wedi myned yno pregethai [Richard] iddynt fe allai am ddwyawr, a phan y dibennai nid oeddent yn gallu credu eu bod wedi bod yno ond rhyw ddeng munud neu chwarter awr. (t. 83)

Ysywaeth, am bob sylw treiddgar ac am bob disgrifiad byw, ceir gormod o draethu diamcan a dyfynnu diddisgyblaeth o ddyddiaduron taith Thomas Richard. Doedd dim rhyfedd i

Saunders Lewis haeru: 'Portread yw hanfod y llyfr; buasai'n gampwaith pe buasai'n llai o'r hanner union nag ydyw. Ond darlun wedi ei dynnu ar ddiffeithwch o gynfas ydyw, a chollir ef mewn blinder' ('Y Cofiant Cymraeg', tt. 343-4). Blinder neu beidio ac er gwaethaf (cystal cyfaddef) sychder personoliaeth or-ddwys Richard ei hun, mae'n amhosibl atal hiwmor Matthews rhag pefrio i'r wyneb. Yn nwylo'r awdur try hanes caru a phriodi y pregethwr mawr yn wironeddol ddoniol (tt. 101-3) a gall lunio epigramau trawiadol: 'Nid yw crefydd yn dinistrio natur, na natur yn dinistrio crefydd; chwiorydd ydynt sydd yn ymgofleidio, gan fwynhau ei gilydd yn yr Arglwydd' (t. 93). Y nodweddion hyn a barodd i Saunders Lewis fynnu fod gan Matthews 'reddf llenor a threiddgarwch hynod' ('Y Cofiant Cymraeg', t. 343). Portread cydymdeimladol o bersonoliaeth hanfodol galed a didostur a geir yma. Gwyddai Matthews hynny'n iawn: 'Yr oedd llawer yn edrych arno yn sarrug o eisiau ei adnabod, yn ei osod i lawr yn orthrymwr o ddiffyg gwybod digon amdano' (t. 279). Llwydda, serch hynny, i'w ddynoli trwy ei hiwmor a'i ysgafnder ei hun. Yr hyn a erys yn y gwaith yw swyn ac arwriaeth y Fethodistiaeth gynnar ynghyd â medrusrwydd Matthews i gyfleu nodweddion y byd newydd.

George Watson ac eraill

Un o gampweithiau bychain oriel portreadau Edward Matthews yw ei ddisgrifiad o George Watson, y pacman o Sgotyn, a ymwelai â chartref y teulu yn New Barn, Sain Tathan, adeg ei blentyndod. Bwriad y cofiannydd yn rhifyn Medi 1873 o'r *Cylchgrawn*, ac yntau bellach yn drigain oed, oedd tynnu sylw at William Watson, un o bregethwyr Morgannwg a oedd newydd farw, ond fe'i hudwyd i sôn am dad y gwrthrych, sef George Watson o Ben-y-bont ar Ogwr. Parodd yr achlysur hwn i'r atgofion lifo'n ôl ('Mr William Watson, Abercynffig', *Y Cylchgrawn*, 12 (1873), 348-53). Ni ddywedir beth a ddenodd Watson o Dumfries yn yr Alban i gylch Pen-y-bont. Ymgartrefodd yno tua'r flwyddyn 1790 pan oedd yn ddeunaw oed a dysgodd yn fuan ryw lun ar Gymraeg.

Bu'n ennill ei fywoliaeth trwy werthu nwyddau ar hyd pentrefi Bro Morgannwg o bac enfawr ar ei gefn, a daeth yn lladmerydd poblogaidd i'r efengyl wedi iddo gael ei argyhoeddi dan bregethu nerthol Dafydd Jones, offeiriad Llan-gan:

> Un o'r dynion mwyaf a welsoch ydoedd, a'r *packman* cyntaf a welsom yn teithio y wlad hon. Nid oedd efe serch hynny yn perthyn i'r *packmen* presennol; nid oedd yn masnachu yn yr un dull, gwerthu y byddai efe am bris rhesymol, a'r nwyddau gorau allan. Yr oedd sôn am nwyddau George Watson, yr ydym yn cofio, trwy yr holl wledydd. Yr oeddent yn parhau nes oedd dynion wedi blino arnynt. Clywsom lawer gwaith am neisiedi *India silk*, fel eu gelwid, gan Mr Watson, nad oedd dim diwedd arnynt. Y mae un peth neilltuol yn profi gonestrwydd a chymeriad uchel George Watson, sef ei fod yn lletya yn y tai mwyaf cyfrifol ym Mro Morgannwg, tai *gentlemen farmers* i gyd, lle nad oedd dim talu am lety, ond yn unig ei letya ef, a'i fwydo hefyd, o wir barch i'w gymeriad. Yr oedd pawb yn llawenhau wrth ei weld yn dod gyda'r nos i gael ei gwmpeini gyda'r teulu dros y noson honno, a phawb yn disgwyl gyda phleser am ei ddyfodiad eilwaith pan yr ymadawai. Ychydig o siarad am grefydd glywyd yn y teuluoedd ond y noson y byddai Mr Watson yno. Yr oedd efe yn difyrru y teulu gyda hanes Jones Llan-gan yn pregethu: y bobl yn dod o bob cyfeiriad i wrando, yr effeithiau o dan y weinidogaeth, hanes hen Gristion yn torri allan, a hen foneddiges o Gaerffili yn canu a chanu a chanu wedyn, a Wil y gwehydd yn rhedeg fel yn wallgof gan floeddio 'Haleliwia!' nes cyn hir yr oedd llais peraidd a chlochaidd efengylydd Llan-gan yn ymgolli yn sŵn moliant cyffredinol y dorf. Pethau fel hyn, a chant o bethau difyr eraill, a'u cadwai yn fywiog nos dywyll y gaeaf wrth y tân, heb neb yn syflyd. Byddai y gweision yn arfer dibennu gyda'r anifeiliaid am wyth, ond y noson honno nid oedd neb yn gallu cyffro nes yn hir ar ôl yr amser arferol, a chwedyn gydag anewyllysgarwch mawr. Yr unig noson i glywed darllen a gweddïo yn y tŷ fyddai noson Mr Watson, ond yr oedd efe yn ei ffordd serchog yn dweud y byddai'n arfer gwneuthur hynny, fel yr oedd wedi dod yn ddeddf, pan y delai, cyn cynnig cannwyll iddo fynd i'r gwely, i gynnig Beibl iddo ddarllen. Darllenai ac esboniai yn Saesneg, yn fywiog a thanllyd, dan wenu mor serchog nes y byddem yn teimlo diddordeb yn hynny, canys yn gyffredin byddai yn cymryd rhyw hanesyn ysgrythurol

mewn llaw, a'i adrodd yn hynod ddifyrrus. Bu George Watson fel *packman*, oherwydd ei grefydd, yn fendith i deuluoedd rhan isaf Morgannwg. (349)

Dyma ddolen arall rhwng Matthews a chenhedlaeth gyntaf Methodistiaid Morgannwg, ac mae'n amlwg fod i'r atgofion eu gwedd ysbrydol. Er nad oedd ond plentyn, fe'i swynwyd gan dduwioldeb y Sgotyn addfwyn, a phan ymglywodd â hawliau'r efengyl drosto'i hun, roedd esiampl hynafiaid fel hyn yn bwysig iawn iddo:

> Clywsom ni ef lawer gwaith yn gweiddi 'Pendigedig!' ym Mhen-y-bont wedi hen amser Sain Tathan, lle y byddai yn arfer dod pan oeddem yn blant, a chofiwch, pan y delai 'Pendigedig!' Watson allan, yr oedd sŵn Duw Hollalluog yn symud yn yr olwynion rhywle. Pan glywsech 'Pendigedig!' Watson yn codi i fyny yn y sêt fawr fel paladr, yr oedd eneidiau lawer yn cael eu taro y funud honno â rhyw wefriad nefol: ei wyneb siriol – buom yn agos a dweud, nefol – a gododd ein calon o'r llwch lawer gwaith. Yr oedd crefydd wedi cymryd gafael ar holl alluoedd George Watson. Yr oedd ei enaid yn poethi yn sŵn efengyl, ac yn poethi eraill gydag ef. (350)

Prynodd Dafydd Jones Llan-gan, Howell Howells Tre-hyl ac eraill furddun ym Mhen-y-bont yn 1798, ei adnewyddu a'i addasu'n gapel. Hwn oedd yr Hengastell, cartref diadell Fethodistaidd y dref am flynyddoedd, ac yno roedd Watson yn flaenor. Ar wahân i'r oedfaon pregethu, byddai'n ddi-feth yn y cwrdd gweddi a'r seiat. Byddai'n gadael ei bac ym mhentrefi'r Fro er mwyn dychwelyd i'r Hengastell ar gyfer y seiat ganol wythnos cyn dychwelyd at ei nwyddau fore trannoeth: 'Y cyfarfodydd hynny, ag y mae llawer yn bresennol yn ymdrechu osgoi, oedd prif hyfrydwch Watson, a gwnâi aberth anghyffredin i'w cyrraedd' (351).

> Byddai *pack* Watson, pan y byddai efe fel hyn, wedi ei adael am noson, yn cael ei ddefnyddio yn y ffermdy yn gystadleuaeth mewn grym. Pwy bynnag fuasai yn alluog i symud hwnnw, neu symud ychydig gamre odano, a osodid i lawr yn wron mewn gallu ... Yr ydym yn cofio ei *back* yn eithaf; yr oedd llawn hanner llath bob ochr

> yn lletach na'i gefn, fel y byddai yn rhaid iddo droi naill ochr yn fynych, a'i wyneb at gerbyd, pan yn mynd heibio ar y ffordd fawr. Byddai *pack* George Watson yn ddihareb yn y dyddiau hynny am ei bwysau, eto, cofier nid oedd ond ysgafn iddo ef, taflai ar ei gefn mor ddi-daro â dim a welsoch erioed, a cherddai odano am ugain milltir lawn pedair milltir yr awr. (ibid.)

Un o rinweddau Watson oedd iddo ddenu pobl at grefydd yn hytrach na'i gwthio arnynt. Ond fel cenhadwr, gwelodd ei gyfle i ledu'r efengyl, yn neilltuol trwy gynnull plant ynghyd a sefydlu cylchoedd darllen ac ysgolion Sul: 'Iddo ef, fel offeryn, y mae llawer o'r pentrefi islaw Pen-y-bont, ym Mro Morgannwg, yn ddyledus am eu diwylliant, eu crefydd, a'u capeli' (352). Yn negad cyntaf y ganrif, pan ddechreuodd werthu nwyddau ar hyd y Fro, nid oedd trwch y bobl yn arddel crefydd ond fel confensiwn: 'Yn y pentrefi hyn ... nid oedd dim yn mynd ymlaen ond chwarae bando, cicio pêl droed, a mynd i wylmabsantau ar ddydd Sul, ac yn cael llonydd hollol gan lys a llan' (ibid.). Ond fel rhan o'r ymchwydd mawr diwygiadol, nid yn unig o Lan-gan ond erbyn hynny yn codi o blith aelodau y seiadau bychain yn gyffredin, daeth croeso fwyfwy i neges yr efengyl: 'Elai â brawd neu ddau gydag ef, ac felly y cerddent o bentref i bentref a bara a chaws yn eu pocedi i ddysgu'r plant, ac eraill hefyd. Ei ysgol ef oedd dechreuad sefydliad achos Sant Brid, y Brychtwn, Tregolwyn, a llawer o leoedd o gwmpas' (ibid.). Mae'r darlun yn ddogfen gymdeithasol ddiddorol, sy'n dangos deinameg twf Methodistiaeth ar lawr gwlad. Os oedd ffrwydriadau yn digwydd ym mhulpud Llan-gan neu yn y cymanfaoedd adeg ymweliadau pregethwyr mawr fel Thomas Richard a John Evans, Llwynffortun, yr hyn a gadarnhaodd yr achos ymhlith y werin oedd efengylu cyson, diramant cymeriadau unplyg fel y Sgotyn hwn. Fel yr oedd yn arwr i Matthews yn blentyn, parhaodd yn arwr ac yntau bellach yn ddyn:

> Dyn colomennaidd, eto yn gall; dyn penderfynol, ond ei benderfynolrwydd yn rhedeg i dduwioldeb; dyn pur ei gymeriad, yn rhodio yn weddus i'r ffydd Gristionogol, yn cael parch bonheddwr, er nad ydoedd ond *packman* ... yn cael parch nid am ei fod yn

Fethodist, na, cawsai fwy o barch am beidio gan laweroedd. Eto yr oedd yn rhaid parchu George Watson nid am ei fod yn ddim ond yn ddyn sanctaidd a chyfiawn. Yr oedd tyst yn eu meddyliau mai un felly ydoedd, nis gallent lai na gweld ei ymdrechion, heb na thâl na diolch, i wneuthur lles i'w gydgreaduriaid. (ibid.)

Priododd Watson ag Ann, merch William Watkin o Ben-y-bont, ac un o'i blant oedd y William Watson y bwriadodd Matthews ysgrifennu amdano: 'Fe'n tynnwyd ymaith. Ymhell cyn i ni ddeall aeth yr amser heibio heb yn wybod i ni ... Y cyfeillion hynny sydd yn gwybod am nerth hen gofion sydd yn debyg iawn i gydymdeimlo, a maddau hefyd' (ibid.).

Roedd nerth hen atgofion yn gymhelliad cryf i Edward Matthews barhau i lenydda, yn enwedig wedi iddo droi'r hanner cant. Gwyddai fod chwyldro cymdeithasol aruthrol wedi digwydd yn ystod ei oes ei hun, roedd yn dyst iddo a theimlodd fod yn rhaid iddo'i gofnodi. Roedd ynddo hefyd naws hiraethus iawn, a thynerwch anarferol at ei geraint a'i wreiddiau. 'Bydd dyn wedi troi'r hanner-cant yn gweld yn lled glir,' meddai Gwenallt yn y 1950au, 'y bobl a'r cynefin a foldiodd ei fywyd e'. Profodd Edward Matthews yr un gwirionedd dri chwarter canrif ynghynt:

Pan ddechreuasom ysgrifennu a dwyn enw George Watson i gof, yr oedd y dyddiau gynt yn ymagor o'n blaen. Yr oeddem yn cofio yr hen dŷ ym mhen uchaf y pentref, yn gweled y teulu fel yr oeddent yr amser hwnnw, yn cofio'r siarad, yn gweld Watson yn dyfod i'r tŷ a'r *pack* anferth ar ei gefn, y llawenydd a deimlem wrth ei weled, y disgwyliad am lyfr bach cyn ymadael, a noson ddifyr iawn. (352-3)

William Watson

Nid oedd William Watson yn gymeriad agos mor ddeniadol â'i dad, ond fel pregethwr o Forgannwg teimlodd Matthews ddyletswydd i gofnodi ei gyfraniad. Yng ngweddill ysgrifau'r gyfres ar Watson, y nodyn doniol a gaiff ei daro fwyaf. Crydd oedd William wrth ei grefft, a aeth i fyw i Lyn Ogwr, yna i Fryncethin ac yn olaf i Abercynffig, oll ym Mlaenau Morgannwg. Yng Nglyn Ogwr yr oedd 'y gorchwyl o farnu cymhwyster i'r weinidogaeth ...

yn fwy anghyfarwydd ... na barnu gwerth ceffyl neu lwdn dafad yn ffair Mihangel Pen-y-bont' ('Mr William Watson, Abercynffig', *Y Cylchgrawn*, 12 (1873), 396-401, 419-23, *Y Cylchgrawn*, 13 (1874), 19-24, 60-5, 124-8; y dyfyniad yn 12, t. 397). Os oedd George yn cael ei adnabod am ei bersonoliaeth heulog, ei nerth corfforol a'i sêl, aflerwch William oedd ei nodwedd amlycaf, a'i natur heglog ac anniben: 'Byddai trwstaneiddiwch yr eliffant yn fwy tebyg o ddangos symudiadau Watson na chyflymder yr eryr' (399). Ond roedd gan Matthews fan tyner bob amser at y rhai a ystyriai'r byd yn rhai od:

> Yr oedd ei ddull naturiol yn wahanol i bawb, yn esgeulus, yn ddibris, yn edrych fel dyn hanner allan o'i gof – yn cymeryd ei guro fel sach o wlân, yn gwenu, ac yn troi ei lygaid i fyny fel y gallesid meddwl weithiau fod pob peth ond gwyn ei lygaid wedi mynd i golli, a chyda hynny yn dweud rhyw air neu ddau dan wenu mor ddiddrwg ag oedd yn bosibl, eto yn aml fel cleddyfau yn trywanu calonnau. (397)

Bu'n rhaid dwyn cryn berswâd ar gyfarfod misol Morgannwg i roi caniatâd i William fynd yn bregethwr, a thrwy fod yn fab i'w dad y cafodd y caniatâd hwnnw yn anad dim. Unwaith, yng nghwmni Evan Morgan Caerdydd, y mentrodd ar daith bregethu i'r Gogledd. Roedd ei geffyl mor ddiolwg ag yntau, a daeth 'Watson a'i geffyl', fel Sancho Panza a'i farch, yn gyfarwydd i gynulleidfa-oedd Morgannwg. Serch hynny, 'i'r neb oedd yn ei adnabod,' meddai Matthews, 'gwyddent fod o dan yr ymddangosiad allanol feddylgarwch, teimlad a barn ymhell y tu hwnt i'r cyffredin' (400). A beth bynnag, roedd yn fab i George Watson ac felly, yn nhyb y cofiannydd, yn haeddu coffadwriaeth.

David Williams Troedrhiwdalar

Y prif reswm am roddi lle yn yr oriel i'r Annibynnwr David Williams (1779-1874), Troedrhiwdalar ym Muallt, oedd iddo fyw yn hen, yn gant namyn pump oed, iddo fod yn gydnabyddus â'r Tadau Methodistaidd cynnar, ac er ei fod yn Annibynnwr, iddo yfed yn helaeth o ysbryd y Diwygiad Efengylaidd. Cafodd le amlwg yn y gweithgareddau a oedd yn gysylltiedig ag agor capel coffa i Howell Harris yn Nhrefeca yn 1874. Dyma'r ddolen olaf rhwng Oes Victoria a'i chynnydd ac egnïon diwygiad y ddeunawfed ganrif. Byddai Matthews yn ei odro bob amser am hanesion ynghylch y cyfnod bore:

> Yr ydym yn cofio ei fod yn dweud dan wylo fel yr ydoedd yn edifarhau na fuasai wedi mynd i Langeitho i glywed Rowlands. 'Y mae', meddai, 'wedi bod yn ofid i mi ddyddiau fy oes'. Dywedodd iddo glywed Williams Pantycelyn mewn hen ysgubor yn agos i bentref Llanwrtyd, ond nid oedd ganddo nemor o gof amdano ... 'Yr oedd Howell Harris wedi marw tua chwech neu saith mlynedd cyn fy ngeni', meddai, 'ond yr oedd siarad amdano yn *fresh* yn fy nghof cyntaf. Yr oeddwn yn arfer clywed yr hen bobl yn siarad am y nerthoedd anghyffredin ag oedd yn cerdded gyda'i weinidogaeth ef amgen i bawb eraill' ... Pan yn adrodd yr hanesion gynt, pan yn disgrifio yr hen oesoedd, pan yn dwyn ger ein bron amseroedd rhyfedd deheulaw'r Arglwydd, yr oedd yn dychwelyd i ddyddiau ei ieuenctid – yr oedd yn ymgymhwyso ac yn ymsythu yn ei ysgwyddau, ei ruddiau yn cochi, ei lygaid fel ar dân, ac yn taflu allan wreichion o ysbrydolrwydd, yr hwn sydd yn anodd cyfrif amdano. ('Bu farw Williams Llanwrtyd!', *Y Cylchgrawn*, 13 (1874), 344-50 [347-8])

Po hynaf yr âi Matthews, a pho amlycaf oedd newidiadau'r oes, dyfnaf oedd ei hiraeth am y blynyddoedd a fu.

Y cofiannau olaf

Erbyn 1879 roedd Matthews yn 66 oed ac yn byw yn Nhresimwn. Collasai ei frawd, Thomas, dair blynedd ynghynt, ac ynghyd â'r patriarchaidd William Evans Tonyrefail, ef yn bendifaddau oedd pŵer llywodraethol Henaduriaeth Dwyrain Morgannwg a phregethwr Methodistaidd mwyaf dylanwadol siroedd y De o hyd. Ond gwyddai ei fod yn mynd yn hŷn. Roedd cofiannau'r cyfnod olaf yn adlewyrchu ei awydd i sicrhau'r etifeddiaeth a drysorai gymaint. Trwy ddarlunio William Thomas 'Islwyn', John James y pregethwr o Ben-y-bont, a'r blaenor sylweddol John Howell, Pen-coed, byddai'n cyhoeddi eto pa mor nodedig oedd

Methodistiaeth Mynwy a Morgannwg. Gyda llif y Saesneg yn cynyddu, a grymusterau modernrwydd yn dwysáu, roedd tro eisoes ar fyd.

Islwyn

Dechreuodd Matthews trwy ddisgrifio gyrfa bregethwrol ei ddiweddar gyfaill Islwyn (1832-78), ac yn ei ffordd ysmala ei hun, dafoli ei athrylith a'i ddawn:

> Cof gennych, ddigon tebyg, i ni ddywedyd fod Islwyn y bardd, a'r Parchg William Thomas, y pregethwr, wedi marw. Bu farw y diwrnod hwnnw fardd mawr a phregethwr mawr yn yr un corff eiddil. Nid ydyw yn digwydd yn aml fod dau *fawr* yn cyfaneddu yn yr un corff. Digon yw i gorff cryf ymgynnal dan bwysau *un* elfen wir fawr, a bydd hyd yn oed y corff hwnnw, er yn gryf yn cychwyn, yn llesgáu ac yn marw yn anamserol, fel y dywedir, o dan bwys y gwaith o wasanaethu i ddibenion yr elfen honno. Ond yr oedd corff gwan Islwyn wedi ei orlwytho o'r dechreuad, a chan geisio ymgynnal o dan bwysau cynyddol bardd gorlwythedig o feddyliau, a phregethwr llawn mor bwysig, gwelid ef yn suddo ac yn gwanhau nes o'r diwedd ddisgyn i briddellau'r dyffryn yn anamserol. ('Islwyn fel pregethwr', *Y Cylchgrawn*, 18 (1879), 111-14, 157-60, 188-91, 223-5, 257-61 [111-12])

Yn nodweddiadol o Matthews, mae'n taro nodyn doniol wrth drafod y dwys, ac mae'r sôn am fychander ei gorff o'i gymharu â maint anarferol ei ben ar ddechrau ysgrif gyntaf y gyfres yn ddigrif:

> Nid oedd corff Islwyn yn nemor o beth pe buasech yn cymeryd ei ben ymaith, un bychan iawn fuasai: traed bychain, dwylo bychain, ie popeth bychan ond ei ben! O'r tu arall, pe buasech yn gweled pen Islwyn heb ei gorff, buasech yn meddwl mai cawr o gorff, a gŵr llydan ei ysgwyddau oedd yn cario y pen hwnnw, fod y dyn ag oedd yn cario y pen hwnnw yn ail i Goliath o Gath! Paham y gwnawd corff a phen â chymaint o anghyfartalwch sydd yn un o'r pethau hynny 'anodd eu deall'. Felly yr oedd beth bynnag, ac fe ddichon fod hynny yn ddigon i ni, a gwell hefyd, na myned i geisio plymio dirgeledigaethau. Yr oeddem ni wedi cynefino ag ef, onide buasem,

fel llawer gŵr dieithr, yn synnu na fuasai mwy o gyfartalwch. Yr oedd yn ein taro ninnau weithiau, fod y corff yn rhy wan i gario pen mor fawr. Cofier, nid rhyw *fath* o ben ychwaith, nid penfawr a dim ynddo, nid yn benfawr a'i holl bwysau yn gogwyddo rhwng yr ysgwyddau yn ôl, nage, eithr pen mawr lluniaidd, hir o'r ên i'r talcen, a'r talcen llydan yn gogwyddo dros yr aeliau duon fel yn llawn o benderfyniad i wthio yn y blaen. (112)

O ran yr amryfal ddisgrifiadau o Islwyn, gan Daniel Davies, Ton, Dewi Wyn o Esyllt, Iolo Caernarfon, Cynddylan Jones ac eraill (gw. Glyn Tegai Hughes, *Islwyn*, tt. 63-6), eiddo Matthews yw'r mwyaf crafog a'r mwyaf cofiadwy:

Yr oedd yn fardd cyn meddwl am bregethu, o leiaf cyn fod neb arall yn meddwl am y fath beth, bid a fynno. Yr ydym yn cofio pan yr ydoedd yn yr ysgol yn y Bont-faen y tynnodd ein sylw ni gyntaf. Yr oedd mewn siop llyfrwerthwr, a dywedwyd wrthym fod y bachgennyn hwnnw yn cyfansoddi barddoniaeth braidd yn anghredadwy o dda ag ystyried ei oedran. Fe ddichon y gallasai fod yr amser hwnnw o ddeuddeg i bedair ar ddeg, nid ydym yn gwybod yn iawn. Daeth yn awdur wedi hynny o rai o'r darnau tlysaf, y rhai a ddarllenir gan feirdd oesau dyfodol gydag hyfrydwch. ('Islwyn fel pregethwr', 112)

Er bod Matthews un mlynedd ar hugain yn hŷn nag Islwyn, perthynent i ddau gylch llenyddol ym Morgannwg a Gwent a oedd yn gorgyffwrdd, rhwydwaith y beirdd eisteddfodol yn achos Islwyn, a chylch y llenorion rhyddiaith yn achos Matthews. Rhannent yr un diwylliant ac fel Methodistiaid arddelai'r ddau yr un ffydd. Gwyddai Matthews, fodd bynnag, na allai pethau bara yr un fath lawer yn hwy:

Y mae Islwyn ... wedi gadael bywyd ac anfarwoldeb yng nghadw yn yr iaith Gymraeg, ac y mae yn ddigon tebyg y bydd yr iaith doreithiog honno yn ddigon ffyddlon i gyflawni yr ymddiriedaeth gyda phob gofal. Ac os marw y bydd hithau, rywbryd neu yn fuan yn ôl y proffwydoliaethau sydd wedi cerdded ym mlaen am hynny, bydd yn debyg o ddwyn Islwyn yn ei mynwes i'r bedd gyda hi, i gysgu am dro ynghyd, tra fyddo Saeson neu rywrai eraill yn aredig uwchben ei gweddillion. Beth bynnag, rhwng hyn a hynny, bydd miloedd yn darllen Islwyn; bydd iddynt hwy yn fywyd ac anfarwoldeb, yn burdeb ac anllygredigaeth. (ibid.)

Islwyn y pregethwr ac nid Islwyn y bardd oedd testun yr ysgrifau, ond roedd personoliaeth William Thomas wrth wraidd y ddau. Gan Matthews y ceir y sylw adnabyddus na allai fwyta bara menyn heb roi siwgr arnynt yn gyntaf: 'Plentyn hyfrydwch oedd ef gan ei rieni, yr oedd yn un o'r rhai hynny y geilw y Saeson yn *spoilt child*' (113). Os plentyn henaint ei rieni ydoedd yn nhynerwch ei fagwraeth, plentyn ei gyfnod ydoedd fel pregethwr yr efengyl: 'Cafodd ei ffordd i'r pulpud yn rhwydd, llithrodd yno yn llyfn, fel ar wydr gloyw' (158). Gyda'r diwylliant pulpudol yn ei fri a'r pregethwr yn sicr o gael cynulleidfa barod heb orfod ymorol amdani, gallai ddefnyddio'i ddoniau nid i herio anghredinwyr ond i swyno'r saint:

> Nid oedd nemor o fellt na tharanu daeargryn [yn ei weinidogaeth], na mynydd yn mygu, eithr tawelwch, tangnefedd a phrydferthwch Mynydd Seion, gyda Christ, yr hwn sydd yno'n byw, a myrddiwn o angylion, ac ysbrydoedd y cyfiawn, y rhai a berffeithiwyd. (160)

Nid uffern a barn oedd byrdwn ei neges, ond gwynfyd a thragwyddoldeb. Cydgerddai hyn â'r tyneru oedd yn digwydd yn y pulpud Methodistaidd ar y pryd (gw. D. Densil Morgan, 'Credo ac Athrawiaeth', tt. 152-64 yn enwedig), ond gweddai'n berffaith i naws lariaidd onid meddal ei bersonoliaeth hefyd: 'Yr oedd ei enaid ef yn llawn o gariad a thangnefedd, ac yn byw gyda phlant Israel yr ochr olau i'r cwmwl o hyd; ychydig welodd ef, y mae'n debyg, o ochr dywyll yr Eifftiaid' (190). Yn hynny o beth, plentyn canol Oes Victoria ydoedd: 'Fwriadwyd ddim ohono at waith garw' (188) oedd sylw eironig Matthews. Nid Howell Harris tanllyd ydoedd, na Thomas Richard llym, ac yn sicr nid dyn o anian weithgar, ymdrechgar George Watson. Ni fyddai'n addas o gwbl at y cyfnod arloesol 'canys yr ydoedd yn ddiffygiol o'r gwrolder angenrheidiol at yr oes honno' (ibid.). Mae'r eironi hwn yn taro'n berffaith â sylwadau Derec Llwyd Morgan, y beirniad a wnaeth fwyaf i ddadfythu Islwyn yn ddiweddar:

[Mae Islwyn] yn hunanfoddhaus hyd yr eithaf ... yn rhodresgar, ac nid oes ganddo ... ddimeiwerth o bersbectif hanes ... Diffyg deall a diffyg deallusrwydd sydd wrth ei gwraidd, wrth gwrs [sef y ganmoliaeth anfeirniadol a dderbyniodd yn ystod ei oes ei hun], awdurdodaeth beirdd di-ddysg mewn cyfnod di-ddysg a wyddai na wnâi eu darllenwyr di-ddysg eu hanwybyddu na'u herio. ('Islwyn yr Ysmygwr Ysgrythurgar', 209, 210)

Gwyddai Matthews yntau am y diogi meddwl hwn, a'r elfen hunanfoddhaus, feddal, eto roedd yn rhy agos at y gwrthrych i'w feirniadu'n llym. Ffynnodd gwir dynerwch rhyngddo a'r gŵr iau: 'Un o'r creaduriaid bach mwyaf colomennaidd ydoedd a fu erioed ... Nid oedd gydag ef nemor o elynion, ychydig oedd ei gaseuon, os oedd rhai felly' (159). Hyn, o bosibl, oedd ei anffawd. Roedd yn rhy ddiniwed er ei les ei hun: 'Yn gymaint ag iddo gael ei ddwyn trwy'r byd mor esmwyth, aeth i'r bedd heb feddwl fod y byd yn ddrwg iawn' (113). Ond yr efengyl a bregethai serch hynny, ac achubiaeth enaid trwy aberth y groes:

> Triniai aberth Crist gyda gallu a deheurwydd anghyffredin, neu gyfiawnhad trwy ffydd yn ddigon i'r meddwl galluocaf o ran mater, ac ar yr un pryd byddai y fath felyster anghyffredin yn y dull o roi pethau allan, a phrydferthion y cymhariaethau, fel yr oedd y ddiwinyddiaeth ddyfnaf o dan ei law yn dyfod yn fwyd blasus i'r meddyliau gwannaf. (225)

Cryn glod oedd hyn nid yn unig gan bregethwr ei hun ond gan un a brofasai ar adegau falais ei gyd-ddyn ac a wyddai'n burion am ochr dywyll y natur ddynol. Ond ar farwolaeth Islwyn darfu am bregethwr arbennig iawn: 'Yr oedd ganddo weinidogaeth hyfryd, ond nid i arloesi a phlannu gyda Phaul, eithr i ddyfrhau gydag Apolos' (189). Ac eto: 'O ran tlysni mewn symylrwydd, prydferthwch anorchestol, nid oedd yn ail i neb o fewn cylch ein hadnabyddiaeth ni' (258). Un felly oedd y Parchedig William Thomas, Y Babell, yn nhyb Edward Matthews, Tresimwn.

John James

Nid amlygodd John James (1806-79) mo'i hun y tu allan i Forgannwg a braidd dim y tu hwnt i dref Pen-y-bont ar Ogwr, er y ceir amlinelliad helaeth o'i waith yng nghofiant William Evans Tonyrefail (William Evans, *Cofiant y Parchedig William Evans, Tonyrefail*, tt. 133-41). Er bod ganddo ddoniau pregethu sylweddol a dawn gweddi fwy, daliwyd ef rhag bod yn fwy adnabyddus gan swildod poenus a diffyg hunanhyder: 'Yr ydoedd yn ofnus a phryderus yn naturiol, ac heb ond y nesaf peth i ddim o ymddiried ynddo'i hun' ('Y Parch. John James, Pen-y-bont ar Ogwr', *Y Cylchgrawn*, 19 (1880), 5-8, 43-7). Nid oedd gan Matthews fawr o gydymdeimlad â hyn. Os oedd rhywun wedi'i alw i wasanaeth a'i gynysgaeddu â doniau amlwg, nid oedd ganddo hawl i guddio'i oleuni dan lestr. 'Y teimlad hyn,' meddai, 'ddarfu beri iddo osgoi pob cyhoeddusrwydd ym mhob ffurf, a cheisio encilio yn ddistaw i gysgod unigolrwydd, lle y llechodd y rhan fwyaf o'i oes' (45). Roedd yn ddi-fai o ran ei foesau a'i ymarweddiad, ac yn gymeradwy fel dyn, ond ar wahân i hynny, ni allai Matthews feddwl am fawr ddim mwy i'w ganmol. Efallai mai'r peth mwyaf trawiadol yn y portread hwn yw'r sylw canlynol:

> Ni wyddai am oerfelgarwch, gwynebau sobr a sur, ymado heb ofyn am gyhoeddiad, a phob ymddygiad yn tueddu i ddigalonni a darostwng yn hytrach na meithrin a chalonogi. Na, ni welodd ef wyneb cuchiog blaenor, na gwên ddiystyrllyd hen bregethwr, na chynulleidfa yn barod i regi. Na, na, profedigaethau ni wyddai efe ddim oddi wrthynt oedd y rhai yna. (46-7)

Yr awgrym, wrth gwrs, yw fod Matthews yn hen gyfarwydd â'r pethau hyn er gwaethaf ei boblogrwydd i gyd.

John Howell

Wrth ddarlunio bywyd y blaenor enwog John Howell, Pen-coed, cafodd Matthews gyfle i fynegi eto natur y newid rhwng yr hen Fethodistiaeth a nodweddion ei gyfnod ei hun. Amaethwr sylweddol ym mhlwyf Llangrallo oedd Howell, pen blaenor eglwys Salem, a gŵr a wasanaethodd am ddegawdau fel ysgrifennydd cyfarfod misol Dwyrain Morgannwg. Roedd yn dad i David Howell, 'Llawdden', deon Tyddewi, y mwyaf dylanwadol o blith yr offeiriaid efengylaidd Cymraeg, ac yn dad yng nghyfraith i'r pregethwr grymus David Saunders, gweinidog Aber-carn, Mynwy, a'r Triniti, Abertawe, ymhlith mannau eraill: 'Yr oedd Mr Howells (sic) yn un o'r dynion mwyaf adnabyddus, o leygwr, o neb o fewn y sir' ('John Howells ysw, Pen-coed, Llangrallo', *Y Cylchgrawn*, 19 (1880), 229-32, 266-9, 303-6, 372-4 [229]). Ynghyd â William Williams, Abertawe, ef oedd golygydd cyntaf *Y Cylchgrawn* chwarter canrif a mwy ynghynt.

Yn ddyn ifanc, llenydda a llenorion a lanwodd ei holl fryd. Cyfrannodd at yr ymchwydd mawr eisteddfodol a nodweddodd ail ddegad y ganrif, peth a fawr amheuid gan yr hen dduwiolion:

> Tebyg iawn iddo ymado â'r ysgol, syrthio i mewn â'r cwrdd Cymreigyddion, fel y'i gelwid, yr hwn a ymffurfiodd ym Mhen-coed tua'r amser hynny. Ystyrid y sefydliad hwn, yn enwedig gan Fethodistiaid yr oes honno, yn lle peryglus iawn i ddynion ieuainc fynychu. Yr oedd yn cael ei ystyried yn anffyddol, yn arwain i hunanoldeb a phenrhyddid aflywodraethus, ynghyd â llawer o bethau dieithr a dirgelaidd eraill, anodd eu cofio. Beth bynnag, cofus gennym glywed yr hen bobl yn dywedyd eu bod yn gyfarfodydd tra pheryglus i'r grefydd Gristionogol, ac mai eu hamcan oedd dychwelyd y wlad yn ôl oddi wrth ddysgeidiaeth yr efengyl at hen baganiaeth y Derwyddon. (229)

Crefydd a chrefydda oedd unig ddiddordeb y Methodistiaid gynt. Yn ystod yr 1830au lledwyd eu cydymdeimlad fel y gallai diwylliant mwy seciwlar, o'i buro a'i goethi, ddod yn gymeradwy i grefyddwyr hyd yn oed. Ond er gwaethaf drwgdybiaeth ei rieni, mynnai John Howell dorri ei gŵys Ioloaidd ei hun:

> Yr oedd ef y pryd hwn, fel y bydd ieuenctid yn gyffredin, o deimlad annibynnol, ac yn meddwl ei fod yn gwybod rhywbeth nad oedd yr hynafiaid wedi ei ddarganfod. Yr oedd yn dechrau treiddio i ddirgeledigaethau cyfrinion yr oesau Derwyddol, ac yn agor cloion a byllt hen ddrysau cestyll cynhanesyddol, yn esbonio'r trioedd a'r ford gron. Pan yn dechrau myned i mewn i'r dirgeledigaethau hyn,

a gweled temlau gwybodaeth un ar ôl y llall yn agor o'i flaen, nid rhyfedd yn y byd ei fod yn gweled ei fod yn byw yng nghanol anwybodusion ac felly ddiystyru eu haddysg. (230)

Fel y dengys ei gyfrol *Colofn y Bardd* (1879), roedd John Howell yn gynganeddwr medrus, a adnabyddid, pan oedd yn ddyn ifanc, wrth yr enw 'Bardd Coch Llangrallo': 'Yr oedd *y Bardd Coch* yn sefyll yn uchel yn ei wybodaeth a'i gywirdeb yn y mesurau caethion, ac yn englynwr rhagorol' (231).

Bu rhywfaint o ymgiprys rhwng crefydd a'r awen yn ystod blynyddoedd cynnar Howell, gyda'r hen flaenor Thomas Dafydd yn bygwth barn arno o'r naill du a'r bywyd eisteddfodol mor ddengar ar y tu arall. Bu'n ffyddlon i oedfaon Salem drwy gydol y cyfnod hwn ac ni fu'n hir cyn ildio i hawl Duw ar ei fywyd ac ymuno â'r seiat, er mawr fodlonrwydd i'w fam, ac i Mali Hŵel, ei nain. A dyna ddiwedd ar ei yrfa eisteddfodol, er y byddai'n dal i gyfansoddi'n achlysurol o hyd: 'Bu farw i gystadleuaeth eisteddfodol yn llwyr yn fuan wedi ymuno â chrefydd' (266).

> Yr oedd y rhagfarn mor gryf yr amser hwnnw yn erbyn cyfarfodydd y Cymreigyddion, eisteddfodau a barddoniaeth fel yr oedd yr hen bobl yn barod i ymddwyn at bawb a fynychai y fath gyfarfodydd yn yr un modd ag yr ymddygent at gyfarfodydd o oferedd megis gŵyl mabsantau a nosweithiau llawen. Y cyfryw bethau a gyfrifid yn ddifyrrwch cnawdol. (304)

Fodd bynnag, erbyn troi'n ganol oed daeth John Howell ysw., yr amaethwr cyfrifol, yn gymwynaswr, yn gynghorwr doeth ac yn golofn i'w gymdogaeth, 'canys gyda phawb, pob dosbarth mewn cymdeithas, cymerid ef fel y peth nesaf i oracl' (269). Fel Edward Matthews, roedd y Bardd Coch yntau wedi rhychwantu dau fyd:

> Pan oedd efe yn laslanc, yr oedd Pen-coed yn un o'r lleoedd mwyaf hynafiaethol yn y gwledydd, yng nghanol gwlad o amaethwyr bychain, ac heb symud ond ychydig gamre o'r dullweddau Derwyddol. Yr amaethyddiaeth, a'r offerynnau amaethyddol, o ran eu ffurf a'u defnyddioldeb, yn cyrraedd ymhell y tu draw i'r canol oesoedd [ac] yn cydio braidd yn y cynoesoedd hynafiaethol. Ys hanner cant o flynyddoedd yn ôl, nid oedd nemor o ddyn wedi bod

yn Llundain nac ychwaith yng Nghaerdydd ... Yr un oedd y ffasiwn er y canol oesau, nid oedd newidiad arni un amser mewn cysylltiad â benyw na gwryw ... British pen-lin a socasau bach, côt lwyd ddu'r ddafad, a hosanau o'r un peth oedd gwisg y werin oll. Y benywod hefyd yr un fath: gynau gwlân, arffedogau yr un fath a'r un ffasiwn gan y ferch a'i nhain ... Am y farf hirllaes, yr oedd hynny allan o gwestiwn, canys nid oedd neb yn arfer y fath ddefod ond yr Iddewon yn unig. (267)

Beth bynnag am ei statws breiniol fel yswain, fel crefyddwr y gwnaeth John Howell ei gyfraniad pennaf. Nid ymroes i bregethu, ond amlygodd ei hun fel blaenor ac fel ysgrifennydd y cyfarfod misol. Wedi marwolaeth Thomas Dafydd a Thomas Siencyn, ei gyd-flaenor, ef a lywiodd weithgareddau'r saint: 'Wedi marwolaeth yr hen flaenoriaid hyn, yr oedd yr achos ym Mhencoed bron yn hollol o dan oruchwyliaeth Mr Howells, a phawb yn fodlon i hynny fod' (305).

Cofiant John Harris Jones

Ymgais olaf Matthews i lunio cofiant oedd y gyfrol a ysgrifennodd ar y cyd â J. Cynddylan Jones, *Cofiant y Parch. J. Harris Jones, MA, PhD* (Llanelli: David Williams, 1886). Roedd yn 73 oed a Chynddylan yn 45, genhedlaeth gyfan yn iau nag ef a'r un, o blith pregethwyr y to hwnnw, a ymdebygai fwyaf iddo o ran arabedd a dawn ymadrodd. Mae'n anodd penderfynu beth oedd dull y cyfansoddi, p'un ai cywaith gwirioneddol ydoedd neu a luniodd un y prif ddrafft gyda mân ychwanegiadau yn cael eu gwneud gan y llall. O fentro tybiaeth, gellid awgrymu i Gynddylan ysgwyddo pen trymaf y baich. Erbyn 1886 roedd ffurf y cofiant wedi hen sefydlogi, a champwaith Owen Thomas i John Jones Tal-y-sarn wedi ymddangos ddwy flynedd ynghynt. 'Saif hwn,' meddai Saunders Lewis, 'ar ei ben ei hun yn fath hollol newydd o gofiant mewn Cymraeg' ('Y Cofiant Cymraeg', t. 354). Cyfraniad mwyaf Matthews tuag at ddatblygu'r ffurf lenyddol oedd caniatáu elfen o hiwmor yn ei waith ar Thomas Richard chwarter canrif ynghynt, tra bo'r derbyniad a roddwyd i *Hanes*

Bywyd Siencyn Pen-hydd, a *George Heycock a'i Amseroedd*, a oedd yn fwy o nofelau nag o gofiannau, wedi dangos bod i chwerthin uchel o'r bol ei le oddi mewn i'r *genre*.

O ran ei gofiannau, yn gyfrolau ac yn ysgrifau, mae'n hawdd gweld beth oedd ei amcan, sef moli'r gymdeithas Fethodistaidd, yn enwedig y gweddau amrwd, gwerinol oedd arni, ym Morgannwg yn neilltuol, ar ddechrau'r bedwaredd ganrif ar bymtheg, a nodi rhagoriaeth y to hŷn o'i gymharu â'r to presennol. Ganed Matthews yn 1813. Ganed John Harris Jones, athro yng Ngholeg Trefeca, gŵr gradd o brifysgolion Glasgow a Tübingen, a gwrthrych y cofiant olaf, yn 1827, a ganed Cynddylan, nad oedd yntau'n brin o soffistigeiddrwydd uchel-ael, yn 1841. Roedd y ffaith mai hwynt-hwy oedd etifeddion gwerinwyr garw a di-ddysg fel William Thomas y Pîl, Thomas Dafydd Llangrallo a Siencyn Thomas Pen-hydd yn llefaru cyfrolau am yr hyn a ddigwyddasai yn ystod oes un gŵr: 'Pan y byddwn yn galw i gof agweddau a threfniadau y Methodistiaid ddeugain mlynedd yn ôl braidd y gellir credu mai yr un blaid grefyddol ydynt heddiw â'r pryd hwnnw' (*Cofiant J. Harris Jones*, t. 74). A doedd yr hyn a ddigwyddodd oddi mewn i'r enwadau crefyddol ddim ond yn adlewyrchu'r newidiadau dirfawr yn y gymdeithas Gymreig: 'Cofier fod y cyfnewidiadau mewn byd ac eglwys yn y tymor ... hwn yn anferthol fawr. Nid yw dynion yn awr yn meddwl yr un fath, nac yn bwyta yr un fath nac yn gwisgo yr un fath ... Wrth edrych yn ôl a chymharu pethau presennol â'r pethau sydd wedi myned heibio, ymddengys y ddaear yn blaned newydd' (t. 73).

Os tybiodd beirniaid llenyddol canol yr ugeinfed ganrif mai ffurf statig, fformiwläig, a 'gwrthrychol' oedd y cofiant (e.e. Emyr Gwynne Jones, 'Cofiannau'; Alun Llywelyn-Williams, 'Bywgraffiad fel creadigaeth lenyddol'), a bod yn rhaid aros tan ddyfodiad y nofel a Daniel Owen cyn dod o hyd i'r dychymyg 'goddrychol' a oedd yn esgor ar wir greadigrwydd, cyfeddyf theori gyfoes fod i ffurf y cofiant lawer mwy o'i phlaid nag a haerwyd gynt (gw. Llion Pryderi Roberts, '"Mawrhau ei swydd": Owen Thomas, Lerpwl (1812-91) a Chofiannau Pregethwyr y

Bedwaredd Ganrif ar Bymtheg', penodau 1 a 2 yn enwedig). Deuoliaeth ffug yw honno rhwng 'crefft' y cofiannydd ac 'athrylith' y nofelydd, ac mae amwysedd bwriadus Edward Matthews, wrth greu cofiannau 'ffeithiol' a oedd yn gyforiog o ddychymyg creadigol, yn dangos ei fod yn llenor a oedd ymhell o flaen ei oes.

IV

Y STORÏWR A'R NOFELYDD

Meithrin ei ddawn

Ac yntau'n 28 oed, wedi bod yn byw ym Mhantylliwydd ers saith mlynedd ac yn gofalu am y fferm dros Jane Truman, troes Edward Matthews ei law at lunio llên storïol am y tro cyntaf. Cyhoeddwyd cyfres o dair ysgrif, 'Myfyrdod wrth y Nant', yn *Yr Athraw* rhwng 1840 ac 1842 gyda'i stori ddoniol 'Cofiant Pegi'r Glec' yn ymddangos rhyngddynt yn 1841. Roedd ef eisoes wedi bwrw prentisiaeth gyda'i ysgrifau crefyddol a'i gofiannau cynnar, ond gyda'r deunyddiau hyn dyma synhwyro newid wrth iddo ddod o hyd i'w arddull unigryw ei hun.

Cymeradwyo'r mudiad dirwest a wneir yn y tair ysgrif 'Myfyrdod wrth y Nant' a gwrthgyferbynnu'r ddiod feddwol â dyfroedd iach a chroyw nant Pen-llîn. Ynddynt mae'r awdur yn ymhyfrydu yng ngogoniant natur mewn ffordd a oedd yn deilwng o William Wordsworth a beirdd Saesneg Ardal y Llynnoedd. Yn ôl Ioan Williams, roedd paradocs sylfaenol rhwng Calfiniaeth Matthews a oedd yn rhagdybio'r cwymp, y pechod gwreiddiol a'r ffaith fod y greadigaeth o dan farn, a Rhamantiaeth rhai o'i ysgrifau diweddarach a oedd bron yn bantheistaidd eu naws, a'r rhagdybiaeth sydd ynddynt fod y greadigaeth yn drwyadl dda (Ioan Williams, *Capel a Chomin*, tt. 3-15). Prin y gellir creu hollt mor ddwfn â hynny, pe na bai ond ar sail y datguddiad cyffredinol y mae'r Beibl yn dwyn tystiolaeth iddo yn y Salmau natur, neu ym mroffwydoliaeth Eseia, neu Lyfr Job. Y mae, fodd bynnag, gryn newid pwyslais rhwng yr ysgrifau cynnar a'r bregeth amlgymalog, drom, *Crist yn Esiampl i'w Eglwys, neu bregeth ar 1 Pedr 1:21* (1838), sy'n trafod deddf Duw yn y gydwybod a'r angen dybryd sydd am aberth yr Iawn, a'r ymhyfrydu mewn natur sy'n ddrych o ogoniant Duw: 'Pwy all beidio llamu tros foment yn awr oddi wrth natur at *Dduw* natur? Y mae pob effaith yn ein harwain yn uniongyrchol at yr achos. "O groth pwy", ebai Job, "y daeth yr iâ allan? A phwy genhedlodd lwydrew y nefoedd?"' ('Myfyrdod wrth y Nant', *Yr Athraw,* 5 (1840), 183-5; *Yr Athraw,* 6 (1841), 114-16; *Yr Athraw,* 7 (1842), 120-2; y cyfeiriad yn rhifyn 6, 115). Er bod Matthews, fel llawer diwinydd uniongred o'i flaen, yn gweld yn naioni'r greadigaeth dystiolaeth o ddaioni'r Creawdwr, yr hyn sy'n ddiddorol yn y gyfres hon yw'r ymorchestu ym myd natur – o'r braidd y byddech yn credu bod gweithiau haearn ym Morgannwg o gwbl na bod diwydiannu ar fin digwydd ar raddfa nas gwelwyd erioed o'r blaen – a'r afiaith sy'n nodweddu'r dweud. 'Hybarch olygydd,' meddai Matthews wrth derfynu ei ysgrif olaf; 'Os deil eich amynedd i ddarllen y myfyrdodau hyn, yr wyf yn golygu mai eich gweddi fydd am i mi gael fy nghadw rhag eich blino mwy â'r fath bethau' (*Yr Athraw,* 7 (1842), 122). Dengys ymateb y golygydd: 'Carem glywed yn fynychach oddi wrth ein hybarchus gyfaill' (ibid.), fod y beirniaid wedi sylwi fod seren newydd wedi ymddangos yn ffurfafen llenyddiaeth Gymraeg.

Dwy nodwedd amlwg yng ngwaith y Matthews aeddfed oedd yr hyfrydu ymorchestgar hwn mewn natur, a'i ddawn i ddisgrifio hynodion digrifaf y natur ddynol fel y'u hamlygid yng ngwerin gyffredin Blaenau Morgannwg a'r Fro. Rhagflaenydd i Iefan Tŷ-clai, Siencyn Pen-hydd, Dafydd William Dafydd, Rees Hopkin o'r Creunant ac eraill yw 'Pegi'r Glec'. Mae'r ffaith nad enw Edward Matthews Pen-llîn sydd wrth droed yr ysgrif ond 'Iorwerth Gwlad Forgan' yn arwydd, efallai, nad oedd yr awdur yn orhyderus ynghylch y derbyniad a gâi'r portread hwn. Nid canmol rhinweddau gwraig dduwiol yn y dull confensiynol a wneir, ond yn hytrach ddarlunio beiau sguthan o wraig y gallai pob un o'i ddarllenwyr adnabod ei bath:

> Yr wyf yn cyfaddef mai rhinweddau a ganmolir yn gyffredin mewn bywgraffiadau, gan uchel gyhoeddi rhagoriaethau y gwrthrych wedi iddo farw, am y rhai ni chlybuwyd ond ychydig, os dim, tra yr ydoedd yn fyw. 'Yr hwn a chwenycho anrhydedd, bydded farw'. Ond gwrthrych y cofiant hwn nid yw yn feddiannol ar nemor o rinweddau, am hynny anweddus yw dywedyd bod rhinwedd lle nad oes dim. Tebygaf y clywaf y darllenydd yn gofyn, 'Pa ddaioni yw cyhoeddi hanes bywyd gwrthrych pan nad oes ond drwg i ddywedyd amdano?' I hyn yr wyf yn ateb, os yw ysgrifennu bywgraffiad rhinweddol yn anogaeth i'w efelychu, pwy ŵyr nad all ysgrifennu un drwg fod yn foddion i beri i rywrai gilio oddi wrth ddrygioni. (Iorwerth Gwlad Forgan, 'Cofiant Pegi'r Glec', *Yr Athraw*, 6 (1841), 255-6 [255])

Dyma droi confensiwn y cofiant ar ei ben mewn paragraff, a'i ymestyn ar yr un pryd. Erys Pegi yn esiampl *i beidio* â'i hefelychu. Cymeriadu a wna Matthews yn null llên Theophrastig, sef creu teip moesegol, a'i gwisgo â'r math o gig a gwaed a oedd yn hysbys i'r awdur a'i gynulleidfa fel ei gilydd. Dyma fath newydd o lenyddiaeth yn ei gyfnod, yn ffrwyth craffter a sylwgarwch anarferol, yn seiliedig ar adnabyddiaeth drwyadl o'r natur ddynol, ac yn hynod ffraeth a doniol ar yr un pryd.

Mae Pegi'r Glec yn byw ym mhlwyf Eglwys Fair y Mynydd, un o blwyfi'r Fro, ond fe allai hi fod wedi byw mewn unrhyw blwyf yn y wlad. Hel clecs yw ei diléit a gosod pobl yn erbyn ei gilydd, fel y gwnaeth ei mam o'i blaen, ond aeth Pegi i dra-rhagori ar ei mam yn y gelfyddyd o ffalsio, awgrymu'n ystrywgar, a hau hadau drygioni:

> Y mae'n debyg mai clwb tê fu yno y dwthwn hwnnw gan Kitty Ty'n-y-nant, Shane y gof a hithau, a gwneid teisen fras a chryn lawer o frandi ynddi, yr hon yn anffortunus a ymaflodd mewn tân ac a aeth yn fflam i fyny'r simnai gan beri nid ychydig o fraw i'r *visitors*, ac yn wir peryglu peth arnynt hefyd, oblegid Kitty Ty'n-y-nant a losgodd ei bysedd yn ddrwg wrth geisio atal y tân i ddifa yr aberth. Bu cryn dipyn o ddadl rhwng y pleidiau beth oedd yr achos o esgyniad y deisen fel mellten trwy y simnai, ond methwyd penderfynu y ddadl yn eu plith …

EDWARD MATTHEWS, EWENNI

> ... Y mae'n debyg mai gofyn mewn ffordd gyfrwys-gall i'w thad a wnaeth Pegi ynghylch achos mynediad y deisen i fyny trwy'r simnai, a fu yr achos o'r *scuffle* rhwng y gŵr a'r wraig, ac oddi ar hynny scufflo y maent o hyd. (255)

Wedi iddi hi fynd yn forwyn fach gyda Mrs Thomas y Dderwen, cario clecs a wnaeth Pegi yno a chael Mary, yr hen forwyn, i drafferth; y cam nesaf oedd creu drwg rhwng y meistr a'i wraig:

> Cynigiodd Pegi yn deg dorri y cwlwm priodasol [rhyngddynt] trwy ddywedyd rhyw hanner geiriau am ei meistr yn mynychu Ty'n-y-nant ar ôl i Siôn fynd i'r cwrdd. Yr hyn fu yr achos o gryn ddiflastod rhyngddynt, ac oni buasai gras ataliol, fel ei gelwir, tebygol iawn y buasai yn terfynu mewn ergydion. Ond yn rhagluniaethol trôdd y gŵr a'r wraig gyda'i gilydd, yr hyn a barodd i'r cwbl syrthio ar ben Pegi'r Glec, fel yr oedd hi'n llawn bryd iddi ymado â'r lle hwnnw. (255-6)

Aeth y saga yn ei blaen. Priododd Pegi â Twmi Walter ac aeth yn ymrafael wedi i Twmi druan sylweddoli pa mor gyfrwys oedd ei wraig. Bu farw Pegi gan adael dwy o ferched, Cadi a Betsi, ar ei hôl, 'y rhai,' meddai Iorwerth Gwlad Forgan, 'sydd yn dilyn camre ei mam yn weddol gywir' (256). Comedi foeswersol oedd hon, ac ynddi daw Matthews y llenor creadigol o hyd i'w briod lais.

Hanes Siencyn Pen-hydd

Yn rhifyn gwanwyn 1850 o'r *Traethodydd* yr ymddangosodd hanes Siencyn Pen-hydd gyntaf, yn ysgrif 19 tudalen, cyn cael ei gyhoeddi'n bamffled 56 tudalen flwyddyn yn ddiweddarach. Ym Mhontypridd yr oedd Matthews yn byw ar y pryd. Pan oedd yn 38 oed yn ystod cyfnod Ewenni yr ymddangosodd ail argraffiad *Hanes Bywyd Siencyn Pen-hydd, neu Mr Jenkin Thomas, Pen-hydd, Morganwg* (Abertawe: Rosser a Williams, 1855), wedi ei helaethu'n gyfrol. Ffigur cwbl hanesyddol oedd y gwrthrych, cynghorwr Methodistaidd a aned ym Mhen-hydd, ffermdy bychan rhwng Pont-rhyd-y-fen a Maesteg, ar 16 Medi 1756. Priododd Catherine, merch John Lewis o Gwmafan, cyn symud i ffermio'r Goetre, plwyf Margam, yn y 1780au. Bu farw yno ar

26 Rhagfyr 1807 (gw. Gomer M. Roberts, 'Siencyn Pen-hydd'). Ond cofiant o fath gwahanol oedd hwn, un na wyddai neb ai cofiant ai nofel ydoedd mewn gwirionedd. Yn ei bregeth angladdol, nododd Cynddylan:

> Ei ddisgrifiadau o'r rhai hyn [Siencyn a George Heycock] ni ellir eu hystyried yn hollol hanesyddol, a siarad yn fanwl, ond cymerodd efe hwynt, ac a'u barddonodd, gan eu gwisgo â *humor* ei grebwyll ei hun, nes fod y cymeriadau ... yn fwy gwirioneddol a sylweddol na'r cymeriadau a dorrent wrth droedio y ddaear galed o ddeutu Aberafan a Phen-y-bont. Mae mwy o wir yn y ffug nag yn y ffaith.
> (D. G. Jones, *Cofiant y Parchedig Edward Matthews o Ewenni*, t. 249)

'Diau fod y ddau hyn yn gymeriadau hynod,' meddai John Morgan Jones, Caerdydd, 'ac y mae yntau yn ei afiaith wrth adrodd amdanynt, ond nid hawdd dweud pa faint o'r portread a dynnir sydd yn llythrennol gywir, na pha faint sydd addurnwaith o eiddo dawn yr awdur' ('Rhai o hen weinidogion Morgannwg: y Parch. Edward Matthews', 128). 'Prin y dylid edrych ar *Siencyn Pen-hydd* a *George Heycock* fel cofiannau diledryw,' meddai J. J. Morgan; 'Yr oedd Siencyn a Siorsyn yn bersonau hanesyddol, gwir yw, ond goruwchadeiladwyd ar y sail honno ddefnyddiau a berthynai'n nes i'r teip nag i'r unigolion' (*Cofiant*, t. 406). Fel rhagredegydd i'r nofel yr ystyrir *Hanes Bywyd Siencyn Pen-hydd* erbyn hyn. 'Roedd sgrifennu *Siencyn Pen-hydd* yn ddigwyddiad pwysig yn hanes datblygiad y nofel Gymraeg,' yn ôl Aneirin Talfan Davies ('Matthews Ewenni', 72). Cafwyd yr ymdriniaeth fwyaf sylweddol ar Matthews hyd yma gan Ioan Williams yn *Capel a Chomin*, sef ei 'astudiaeth o *ffugchwedlau* pedwar llenor Fictoraidd' (1989).

Fel William Thomas y Pîl a Thomas Dafydd Llangrallo, un bras a didoreth oedd Siencyn; '[t]yfodd i fyny yn ddyn lled annibynnol, hynod o arw ac anniwylliedig ... Dyn blewog, mynyddig a Chymröaidd yr olwg arno ydoedd, ynghylch pum troedfedd a naw modfedd o hyd' (dyfynnir o argraffiad 1855, t. 10). O ran cartref ei fagwraeth, '[n]id oes dim yno, ond eto mae'n dwyn i'n cof, gyda bywiogrwydd a theimlad rhyfeddol, holl neilltuolrwydd y dyddiau cynt y sonia ein tadau gymaint amdanynt, ynghyd â chymeriadau y dynion rhyfeddol y bu Duw gyda hwynt' (t. 8). Yn fuan wedi i ddiwygiad Howell Harris ledu o Drefeca yn yr 1740au a'r '50au a chydio yn y werin bobl, dechreuodd pregethwyr lleyg neu 'gynghorwyr' ddwyn y tân dieithr i fannau eraill. Nid aethant i'r eglwysi plwyf fel y cyfryw ac yn sicr nid i'r tai cwrdd Ymneilltuol a oedd yn anhraethol ry syber i'r fflam fedru gafael yn eu cynulleidfaoedd dethol, ond i gyrddau a alwyd yn ddifyfyr mewn ysguboriau ac mewn tai annedd. Mewn cwrdd felly yr argyhoeddwyd Siencyn Thomas. Y gennad oedd Evan Dafydd Evan, 'Iefan Tŷ-clai', brodor o Lanfynydd, sir Gâr, a chyfaill i'r emynydd Morgan Rhys:

> Dyn lled fywiog yr olwg arno ydoedd, yn gwisgo *coat* lwyd, o frethyn gwlad heb goler *melfet*, siaced fraith, clos penlin *corduroy*, hosanau du'r ddafad, ac esgidiau coed wedi eu sicrhau am y traed â byclau pres. Yn y wisg offeiriadol hyn, gan farchogaeth ar ebolyn coch, heb docio na mwng na chynffon, y teithiai fy ewythr Iefan Tŷ-clai bant a bryn, a'r efengyl dragwyddol ganddo. (t. 10)

Mae'r darlun (sy'n ymestyn dros wyth tudalen) yn drawiadol ac mae dawn yr awdur i dynnu ei ddarllenwyr i mewn i fyd pellennig, gerwin, a oedd eisoes yn diflannu, yn un hynod. Wedi disgrifio dull Iefan o annerch yn ieithwedd y bobl, a dwyn atgof am effaith ei weddïau, '[e]i amcan y pryd hwnnw, yr wyf yn cofio,' meddai Siencyn, yn ôl ei gofiannydd:

> oedd ymdrechu deffroi pechadur o'i gwsg pechadurus, a pheri iddo gredu ei fod mewn perygl enbyd o fod yn uffern am byth. Yr oedd yn union fel pe buasai yn siarad yn bersonol â rhyw un yn y gynulleidfa, a adwaenai ef, fel dyn melltigedig o ddrwg, drwg iawn allan o'r cyffredin ... [Nid] hir y gwrandewais cyn gorfod credu taw fi oedd y dyn drwg, a'r dyn drwg iawn oedd gan y pregethwr, a fy mod yn wrthrych y bygythiad ofnadwy. Dilynodd sŵn y bygythiad fi nes llanw fy nghydwybod â braw a dychryn uffern dân, ac yno y gadawodd fy ewythr Iefan Tŷ-clai fi, heb ddywedyd cymaint â 'ffarwel i ti, fachgen'. (tt. 16-17)

Ei argyhoeddi o'i bechod a wnaeth y cynghorwr ac nid ei droi. Bu'n rhaid aros i Dafydd Morris, tad Ebenezer Morris o Dŵrgwyn, ac yna William Davies, yr offeiriad Methodistaidd o Gastell-nedd, ddod heibio a chymell Siencyn i ymddiried yng Nghrist am ei iachawdwriaeth a phrofi rhin y maddeuant dwyfol. Ar un wedd, parhau'r traddodiad cofiannol a wnaeth Matthews trwy ganolbwyntio ar bangfeydd euogrwydd Siencyn ac yntau wedi ei glwyfo gan ddeddf Duw yn y gydwybod: 'Dolur oedd hwn nid yn y corff ond yn yr ysbryd, dolur nad oedd ond ychydig yn y wlad y pryd hwnnw yn deall ei natur' (t. 21). Arwydd o newyddeb arddull Matthews ac o'i athrylith lenyddol, fodd bynnag, oedd iddo gysylltu peth mor ddwys â hyn â digrifwch gwironeddol, fel y gwnaeth yn hanes enwog y gwyddau a enillodd Siencyn mewn gornest taflu disiau ym Mhen-rhiw oddi mewn i'r plwyf:

> Dwy ŵydd oedd yn digwydd bod ar ddisiau y tro hwn, o ganlyniad trôdd y noson allan yn sychach na llawer un yn gymaint â bod cryn dipyn o drafferth wrthynt cyn y gallesid eu bwyta. Gan awydd dangos yr ysglyfaeth i'r teulu gartref ... cychwynnodd Siencyn i'w daith tua hanner nos. Cododd y gwyddau un dan bob cesail a ffwrdd ag ef. Yr oedd yr adar yn lled anesmwyth ... fel pe byddent yn arwyddo anghymodolrwydd â'u sefyllfa gan roi ambell sgrech yn awr ac yn y man. Nid oedd hyn yn rhyfedd yn y byd pan ystyrir eu bod yn hanner hurt mewn tywyllwch nosawl rhwng cwsg a di-hûn ... Nid ydynt y creaduriaid callaf o'r cwbl liw dydd, yng nghanol eu synhwyroldeb. Er hynny ymdrechodd Siencyn fel gwron i gadw heddwch a distawrwydd ar bob llaw ... Nid ymollyngodd yn ei ysbryd, eithr cerddodd yn y blaen trwy y llaca tew, gan ddymuno bob cam gyrraedd pen ei daith. Och fi! Er y cwbl, cynyddodd yr ymdrechfa ar ddehau ac aswy; y gwyddau yn dyfod yn fwy aflonydd, Siencyn yntau yn gwanychu a digalonni, nes o'r diwedd iddynt ddechrau ymryddhau ychydig, a chael gwell mantais i guro ar bob llaw ar ystlysau y bachgen, fel y gallesid meddwl eu bod o ddifrif am geryddu ynfydrwydd y llanc. O ryfedd! Fe chwysodd yn yr ymdrechfa a daeth ofn a braw arno; tybiai ei fod yn gweld goleuni disglair yn tywynnu o'i amgylch. Daeth golygfeydd uffern a'r farn ddiwethaf o flaen ei feddwl a thybiodd ei fod yn marw! Y pryd hyn

y gollyngodd y gwyddau yn sybrythol i'r llawr, a syrthiodd ar ei liniau gan weiddi am drugaredd. Y gwyddau hwythau, gan gymryd adain i'w tomen enedigol, yn ysgrechain yn yr awyr mewn mwynhad o gyflawn ryddid a barasant gynnwrf trwy yr holl ardal, a braw disymwth a syrthiodd ar bawb, gan gredu [fod yr] ysgrechfeydd annaearol ... yn rhagarwyddo haint dychrynllyd neu ryfeloedd mawrion yn y tir. Ond ym Mhen-rhiw y bu rhyfeddaf o bob man pan gyrhaeddodd y ddwy ŵydd adref. Yr oedd y fath guro adenydd ac ysgrechain ym mhyllfa y gwyddau fel pe byddent yn cydlawenhau, oblegid eu cyfeillesau hyn a fuont golledig ac a gaed, yn farw mewn ystyriaeth, ac a ddaethant yn fyw drachefn. (tt. 18-19)

Er mor ddifrifol oedd y cyd-destun, sef Siencyn eto o dan argyhoeddiad a heb ddod o hyd i sicrwydd maddeuant, mae'r comedi yn fras a'r parodïo o'r ysgrythur yn ymylu ar fod yn anweddus, ond eto'n gofiadwy iawn. Trwy ddisgrifio'r ornest taflu disiau a'r difyrrwch a gafodd y werin ynddi, mae Matthews yn dwyn goleuni gwerthfawr ar fywyd cyn-Fethodistaidd Morgannwg oddeutu pedwar ugain mlynedd ynghynt. Gyda llunio'r portread, roedd hyd yn oed y Fethodistiaeth yn newid: 'Y mae cynghorwr Tŷ-clai yn ôl y disgrifiad uchod, dipyn yn ddieithr i lawer o ddiwinyddion yr oes hon' (t. 17). Erbyn hynny perthynai Iefan a Siencyn (a fu farw yn 1807) i fyd a oedd yn prysur ddiflannu.

Ynghyd â hanes Twm Siôn Cati, mae bywyd Siencyn Pen-hydd ymhlith yr enghreifftiau mwyaf bywiog o *genre y picaro* yn Gymraeg, y llên bicarésg lle darlunnir anturiaethau arwr trwsgl o werinwr sy'n cael y gorau o'i amgylchiadau a hynny mewn modd doniol iawn. 'Hen gynghorwr gerwin, di-foes, diddiwylliant' oedd Siencyn yn ôl Saunders Lewis, 'ond yn un dewr a ffraeth a chanddo athrylith duwioldeb' ('Y Cofiant Cymraeg', t. 345). Er mai ffrwyth Diwygiad Methodistaidd y ddeunawfed ganrif ydyw, nid ef oedd y cyntaf o'i fath yn y fro hon. '*Siencyn ... the apostle of Pen-hydd,*' meddai'r hanesydd Ieuan Gwynedd Jones (sydd yntau'n frodor o'r un ardal), *'[was] one of those exhorters and preachers among the early Methodists in these parts, whose work reminds one irresistibly of the old friars who had likewise dwelt among this mountain people, taught them and ministered to their spiritual needs'* ('Margam, Pen-hydd and Brombil', t. 90). Un mewn olyniaeth ydoedd, yn ymestyn y tu hwnt i'r Diwygiad Protestannaidd at frodyr crwydrol yr Oesoedd Canol, a honno'n olyniaeth hen ac anrhydeddus.

Os un hynod ei olwg oedd Iefan Tŷ-clai, un odiach fyth oedd 'Apostol Pen-hydd':

> *Coat* o frethyn llwyd ydoedd yn wisgo haf a gaeaf, oerni a gwres, a siaced wlanen, neu fwmbast a gwlân o waith y tŷ, het gwerth hanner coron ag ymyl anferthol o fawr iddi, rhywbeth tebyg i'r hen badellau pres a allasech eu gweled ers llawer dydd at hulio llaeth iddynt. Tynnai ei het, bid siŵr, ymhen cetyn wedi mynd i'r pulpud, nid yn union, canys yr oedd yn diosg ei *goat* fawr yn gyntaf. Yng nghof yr ychydig bobl ag sydd yn awr yn weddill gan angau a'i gwelsant ac a'i clywsant, yr ydoedd yn hen, ei wallt yn wyn ac yn lled hir ac yn cwympo ar ei ysgwyddau, yn hynod dderwyddol ei ymddangosiad. Y mae y beirniaid yn meddwl na fu dafn erioed o olew gwallt ar ei ben ef, ond ei fod yn Nazaread o groth ei fam oddi wrth hynny. Ni fyddai fawr o werthu ar y *macassar oil* pe byddai pawb fel yr hen dad Siencyn ... Tynnu ei fysedd trwy ei wallt y byddai efe, a hynny yn gyffredin yn groes i'r grân, nes y byddai fel gwrych mochyn, yn y gwrthwyneb i gyd. Yng ngwres y foment, wrth bregethu, byddai ei ddwylo yn ei wallt yn o aml, y mae yn debygol heb yn wybod iddo, yn ei godi yn grych i'r lan, a hwnnw yn fflwchan mor echrydus nes yr oedd rhyw olwg bron annaearol arno. Buasai llawer yn barod i benderfynu mai y gŵr drwg ei hunan ydoedd, onibai fod ei ben yn wyn. (t. 26)

Pregethu syml, cartrefol ond â min arno fyddai ganddo, yn rhybuddio pobl rhag uffern a'u cymell i ffoi am waredigaeth at Grist. '"A wyt yn dy adnabod dy hun?", eb efe, ryw dro ar ei bregeth. "Wel yn wir wn i ddim pa sut yr ydwyf i ddeall. Mi ddywedaf wrthyt: os na welaist dy hun cyn ddued â'r diawl, welaist ti ddim o dy hunan eto"' (tt. 27-8).

O ran naratif y gyfrol, disgrifir Siencyn yn pregethu, yn cynnal seiadau, sonnir am ei gyfraniad i'r cyfarfodydd misol ym

EDWARD MATTHEWS, EWENNI

Morgannwg, ei fedrusrwydd fel cymodwr pan oedd pethau wedi mynd o chwith yn yr achosion Methodistaidd a oedd eto'n dra ifanc, ac yn gefndir i'r cwbl roedd hen fywyd cymdogol plwyf Margam a Blaenau Morgannwg. Trwy gyfrwng Siencyn y cawn wybod am y clybiau te ymhlith y gwragedd, am y gornestau bando pan oedd un plwyf yn chwarae hyd at waed yn erbyn y llall, heb sôn am weithgareddau megis y gornestau taflu disiau:

> Yn amser ein hewythr Siencyn yr oedd campau a chwareuyddiaethau Cymru mewn bri cyffredinol gan fawr a mân. Nid oedd braidd sŵn dim ar dymhorau ond chwarae pêl, ymladdfeydd ceiliogod a chŵn, y bêl-droed a'r bando ... Yn wir, fe fu Siencyn ei hun yn nyddiau ei ieuenctid yn un o gystadleuwyr gorau yr oes. Gwelwyd ef lawer gwaith ar draeth Cynffig yn herio'r wlad ar fando neu ddwrn. (t. 57)

Un o droeon trwstan yr hanes yw'r modd y gwnaeth ei orau i atal ei fab, Thomas, a oedd yn byw yn nhŷ enwog y Sger yn ymyl Porthcawl, rhag ymuno yn y rhialtwch, ac er iddo lwyddo yn ei ymgais, troes yn edifar pan welodd fod ei blwyf wedi colli ac y gallai'r mab fod wedi ei helpu i ennill ar y dydd! Dyn duwiol oedd Siencyn, ond roedd blas y pridd ar ei sancteiddrwydd. Bu'n dyst i'r cyfnewidiad a ddaeth dros Gymru ar ddiwedd y ddeunawfed ganrif a dechrau'r bedwaredd ganrif ar bymtheg, a'i lafur ef a rhai tebyg iddo a barodd i'r cyfnewidiad ddigwydd. Nid rhyfedd fod Saunders Lewis wedi ei gymharu â'r Ffrancwr Jean-Baptiste-Marie Vianney (1786-1859), y Curé d'Ars ('Y Cofiant Cymraeg', t. 354), sef yr offeiriad syml, di-ddysg a droes bentref gwledig Ars-en-Dombes yn hafan o dduwioldeb ddegad wedi i Siencyn farw. Erbyn hynny roedd chwyldro ysbrydol ar droed ym Morgannwg fel yng Nghymru gyfan, ond prin y sylweddolodd Siencyn sut y byddai crefydd fywiol, werinol yn troi'n gyfundrefnol barchus onid gorthrymus ymhen chwarter canrif neu fwy: 'Nid oedd y gair "boneddigeiddrwydd" wedi cyrraedd Pen-hydd a'r Goetre yn y dyddiau hynny; clywsom ei fod wedi dyfod i Abertawe ychydig cyn ymadawiad Siencyn o'r byd' (t. 28).

LLÊN Y LLENOR

O ran datblygiad y llên Fethodistaidd, mae cyfandir o wahaniaeth rhwng y byd peryglus a ddisgrifir yng nghlasur dwys Robert Jones Rhos-lan, *Drych yr Amseroedd* (1820), a'r byd diddan, difyr y perthynai Iefan Tŷ-clai, William Thomas y Pîl a Siencyn yntau iddo. Ni cheir dim o'r creulonderau, yr erlidiadau a'r casinebau sy'n gymaint nodwedd o waith Robert Jones: 'Rhyfedd yr erlyniaeth ysgeler, a'r dichellion uffernol oedd yn bod y dyddiau hynny, fel pob amser, yn erbyn crefydd!' (Robert Jones, *Drych yr Amseroedd*, t. 59). I'r gogleddwr, cosb ddwyfol oedd pob anffawd a ddeuai ar elynion crefydd, a'r gosb honno yn un erchyll yn amlach na pheidio. Peth peryglus fyddai torri sabath, oherwydd byddai digofaint sanctaidd yn siŵr o ddilyn. Yr agosaf y daw Siencyn at hyn yw'r rhybuddion a rydd i'w frodyr beidio â mynd â'u hychen i ffair Llandaf ar y Sul er mwyn eu gwerthu yno fore trannoeth:

> Adroddir am dro go ryfedd ynghylch gweddi y chwarel yn torri clun ŷch. Cynhelir ffair Llandaf yn wastadol ar ddydd Llun, yr hyn sydd yn ei gwneud yn dra anghyfleus i'r rhai sydd ymhell ac yn achosi llawer i gychwyn ar y sabath. Yn y sefyllfa hon yr oedd brodyr Siencyn un tro, a phenderfynasant gychwyn â'r ychen ar ddydd Sul. Bu cryn ddadl ynghylch hyn rhyngddo ef a'i frodyr. Yr oedd ef yn dweud y gallasent gychwyn ar ddydd Sadwrn a gorffwys dros y sabath, ac yr oedd hynny yn eu golwg hwythau yn draul fawr, ac i arbed hynny mynnent gychwyn ar y sabath. 'Credwch fi', ebe yntau, 'y bydd mwy o draul arnoch am dorri y sabath a phechu yn erbyn Duw'. Ond beth bynnag, i bant yr aeth Thomas [ei frawd] â'r ychen tua'r ffair, ac i bant yr aeth yntau tua'r chwarel, a'i galon yn llawn sêl dros Dduw a'i ddydd. Y mae rhai yn dweud ei fod yn gweddïo yno am i Dduw dorri clun un o'r ychen, a'u hatal y waith hon rhag mynd. Pa fodd bynnag, wrth y Rhyd, heb fod ymhell iawn oddi wrth y tŷ, dyma un o'r ychen yn cwympo ac yn torri ei glun yn ddau getyn. Mor gynted ag y gwelodd Thomas yr anffawd, crochlefodd yn y fan, 'Mae Sianco yn y chwarel yn gweddïo!' Rhedodd adref, a chafodd fod y weddi yn y chwarel a'r ŷch yn torri ei glun ar yr un pryd. (t. 23)

Effeithiolrwydd gweddi Siencyn yn hytrach na llymder y llid dwyfol yw pwynt y stori hon, ac mae rhyw ddifyrrwch ysgafn yn

rhedeg trwy'r cwbl. Tebyg oedd yr hanes amdano'n tarfu ar y llymeitian mewn gwylmabsant, ond pŵer ei bersonoliaeth ei hun yn hytrach nag uniongyrchedd y digofaint sanctaidd a roes ben ar y miri:

> Daeth yn sydyn idd ei gof fod gwylmabsant yn y gymdogaeth, lle yr ymgynullai yr holl wlad i yfed a dawnsio am nosweithiau cyfain. Yr oedd yn tynnu yn hwyr y pryd hyn, ond tuag yno yr aeth. Wedi nesu at y tŷ, clywodd yr holl le yn gynghanedd a dawnsio. Galwodd wrth y tŷ, a daeth yr hen dafarnwr allan. Gofynnodd iddo am le i ddodi ei geffyl yn yr ystabl, ond nid oedd lle iddo gan geffylau y mabsantwyr. Edrychodd Siencyn ar y tafarnwr yn ofnadwy o lewaidd, a gofynnodd, 'A oes *licence* gennyt ar dy dŷ?' 'Oes', oedd yr ateb. 'Dod fy ngheffyl i mewn yn y funud, onide mi dy dacla di'. Cafodd y tafarnwr beth braw ac arswyd, a throdd rai o geffylau y mabsantwyr allan i gael lle.
>
> Wedi hynny aethant ill dau tua'r tŷ, y pryd y clywai yr hen apostol y llamddawnsio mwyaf arswydlawn uwch ei ben ar y llofft, a throdd ei glust i fyny at y sŵn, rywbeth fel y gwelsoch hwyad ar y taranau. Tynnodd ei fysedd drwy ei wallt, ac edrychodd yn annaearol ar y tafarnwr, yr hwn oedd mewn peth arswyd eisoes, a gofynnodd, 'A ydyw y diawl gyda thi yn y tŷ yma?' 'O! nac ydyw syr, dawns sydd yma'. 'Dawns, ai ie? Dawns! O wel, cânt ddawnsio ar eu pennau yn y pwll yna yn fuan!' Rhedodd y tafarnwr i fyny i'r llofft mewn braw a dychryn, a dywedodd fod consurwr yn y tŷ, ac y byddai rhyw ddrygfyd mawr yn syrthio yn fuan. 'Y mae y dyn hysbys sydd ar y llawr yn dweud y byddwch yn sefyll ar eich pennau yn y pwll oddi eithr i chwi ymadael yn fuan. Ffowch, a gwnewch y gorau o'ch traed'. Gyda hyn, dyma rai o'r merched yn dechrau ysgrechain, a'r dryswch mwyaf yn syrthio ymhlith byddin y diafol, pob un yn ffoi megis am ei einioes i'w gartref, a llawer ohonynt yn dweud eu bod yn gweld rhyw anghenfilod echrydus yn rhedeg yn gyfochrog â hwynt bob cam.
>
> Wedi dianc ohonynt trwy ddrws y cefn, daeth y tafarnwr i'r gegin at Siencyn yn bur ddychrynedig. 'Wel', ebe yr hen Ben-hydd, 'a oes bara a chaws gennyt yn y tŷ?'. 'Oes', oedd yr ateb. 'Dere ag ef i'r bwrdd yma. Yn awr', eb efe wrth y tafarnwr, 'rhaid i ti ofyn bendith arno'. 'Myfi syr, nis gofynnais i fendith erioed'. 'Gofynnaist ti fendith erioed! y filan, beth yw dy oedran di?' 'Hyn a hyn'. 'Ac heb ofyn

bendith ar dy fwyd eto! Pa bryd yr wyt ar fedr dechrau? Y dyn', meddai, gan edrych yn ei lygaid fel llew, 'rhaid i ti ofyn bendith y foment hon'. Y dyn yn ddychrynedig a waeddodd, 'O Dduw, beth a wnaf?' 'Dyna', ebe Siencyn, 'efallai y gwna hyn yna y tro yn awr. Gofyn di yn fynych i Dduw beth a wnei, ac efe a ddywed wrthyt fe allai o'r diwedd'. Aeth i weddi ei hun wedyn, gan ddiolch i Dduw am y goncwest ar ddiafol, ar ei dir ei hun. (tt. 40-1)

Ynghyd â darlunio agweddau comig y sefyllfa, dengys yr olygfa y modd y bu i'r duwioldeb newydd ymdoddi â hen ofergoeliaeth y dyn hysbys yn niwylliant y cyfnod. Fel ym myd-olwg Robert Jones Rhos-lan, mae gweithgareddau dynol yn dal i gael eu goruwchreoli gan bwerau cyfrin, ond Duw ei hun bellach, ynghyd â'i arfaeth anorthrech, sy'n peri llwyddiant i'w achos. 'Yr hyn sy'n sicr,' meddai Dafydd Glyn Jones, wrth ddarlunio'r anffodion ysgeler a hyrddiwyd ar bechaduriaid *Drych yr Amseroedd*, 'yw nad oedd Robert Jones yn bwriadu i'r hanesion fod yn rhai digri' ('Yn Nrych yr Amseroedd', *Agoriad yr Oes,* t. 24). Yn achos Matthews, a oedd yn ysgrifennu chwarter canrif ar ôl Robert Jones, y gwrthwyneb sy'n wir; rhai digri *yw'r* hanesion hyn, o fwriad. Trwy gyfrwng comedi y dewisodd awdur *Hanes Bywyd Siencyn Pen-hydd* ddarlunio'r fuddugoliaeth ysgubol a gafodd Methodistiaeth a'r Ymneilltuaeth newydd ar genedl y Cymry.

George Heycock a'i Amserau

Fel cyfres o ysgrifau yn rhifynnau 1858 ac 1859 o'r *Traethodydd* yr ymddangosodd 'George Heycock a'i Amserau' gyntaf, a'u cyhoeddi'n gyfrol yn 1867. Roedd Matthews yn 45 oed yn 1858 ac roedd yn byw yn Ewenni; roedd yn 54 oed, ac yn byw yn Nhreganna, erbyn 1867. Er nad cynildeb yw pennaf rhinwedd *Hanes Bywyd Siencyn Pen-hydd*, mae wyth pennod a 152 tudalen *George Heycock a'i Amserau* yn fwy di-drefn a gwasgarog fyth, a thuedd Matthews i grwydro oddi ar y pwnc wedi gwaethygu: 'Nid oes neb yn fwy na ni am gadw at y testun, er ar yr un pryd yr ydym yn barod i gredu ein bod yn methu weithiau!' (Edward

Matthews, *George Heycock a'i Amserau* (Abertawe: Joseph Rosser [1867]), t. 136). Nod cofiannau'r cyfnod oedd darlunio bywyd eu gwrthrych – a phregethwyr oeddent yn ddieithriad – fel dyn, fel Cristion ac fel pregethwr (gw. Llion Pryderi Roberts, '"Y mae efe, wedi marw, yn llefaru eto": mawl a moes yng nghofiannau'r pregethwyr', 78-97). Er mor bicarésg yw'r darlun o'r gwron o Dai-bach, yr un yw amcan Matthews yn y cofiant hwn:

> Wrth edrych i fywyd ac amserau George Heycock, gwelir fod pechod yn ddrwg cymdeithasol, ei fod yn distrywio cyrff, cysur a heddwch teuluol a gwladwriaethol, heblaw pentyrru euogrwydd erbyn dydd o gyfrif, a bod crefydd yn welliant cymdeithasol, yn gysur a thangnefedd teuluol, ac yn darpar dyn i wynfyd byth. Os darllenir y fuchdraeth a ganlyn o dan yr ystyriaethau uchod, yr ydym yn hyderu y gwna ei darllen weinyddu lles ac adeiladaeth. Beth bynnag, yr ydym, mewn modd gostyngedig, yn ei gyflwyno i'r cyhoedd i'r perwyl hwn. (t. iv)

Mae'n amlwg na fyddai buchedd y gwrthrych, er gwaethaf ei grefyddolder diffuant maes o law, yn ffitio i ffrâm y cofiant confensiynol.

Yn y bennod gyntaf, darlunnir bywyd y George diailanedig yn lliwgar iawn: 'Y mae gan bob pentref ei wron, yr hwn sydd yn ei fyd bychan ef yn gynllun trwyadl o wroniaid bydoedd mwy' (t. 5). Un drwg oedd George, yn fwy felly na'r rhelyw, a rhydd hyn raff i grefft Matthews a'i ddychymyg. Paffiwr ydoedd – 'George y *bruiser*' (t. 8) – ac un goes ganddo yn fyrrach na'r llall. Byddai'n ymladd yn y ffeiriau ac yn yr heolydd, roedd ganddo ddawn consurio yn ôl y sôn, ond meddai hefyd ar gryn gyfaredd o ran ei bersonoliaeth:

> Byddai y tafarnwyr yn rhoi diod iddo yn rhad, oherwydd ei ddylanwad i dynnu pobl ato lle bynnag y byddai, canys yr oedd fel celain yn tynnu yr holl eryrod o bob cwr; i'r man lle roedd efe y byddent yn sicr o ymgasglu. Efe oedd crwth a thelyn y tafarndai, *sport* a chrechwen yr yfwyr, enaid a bywyd y cwmpeini, nid oedd dim ond bri a llawenydd yn teyrnasu lle y byddai efe. George Heycock

oedd y cwbl gan wryw a benyw, hen ac ieuanc, gwreng a bonheddig, efe oedd y bachgen ag oedd yn cadw bywyd a gwresogrwydd yn y gwaith. (t. 15)

Yn yr ail bennod a'r drydedd, sonnir amdano yn priodi â Sophia o'r un plwyf, sef Margam, y 'lodes brydferth, lanwedd, hoywdeg' (t. 25) a oedd yn hynod gall a synhwyrol ac 'yn werth deg o Georgiaid' (t. 28) mewn gwirionedd, ac yna amdano yn cael ei ddenu i wrando pregeth yng nghapel y Dyffryn lle'i heriwyd i ystyried ei gyflwr. Gan ddilyn confensiwn a oedd yn ymestyn yn ôl at *Gofiant Thomas Charles* (1816) a *Hunangofiant* Thomas Jones o Ddinbych (1820), manylu ar bangfeydd euogrwydd a wneir wedyn wedi i George gael ei argyhoeddi, ac fel y ceisiodd ddofi ei gydwybod trwy ymroi fwyfwy i feddwi ac ofera: 'Hyd yn hyn nid oedd wedi meddwl am weddïo a cheisio maddeuant, eithr rhyfela â Duw hyd yr eithaf' (t. 32).

Dramatig, fel y gellid disgwyl, oedd yr hanes amdano yn cael ei ddenu'n ôl i gapel y Dyffryn er mwyn clywed cenadwri'r efengyl fod gobaith i'r pechadur mwyaf yn rhinwedd gwaed yr Oen, ond nid mewn munud awr y daeth George o hyd i sicrwydd. Daw'r doniolwch i'r golwg, yn un peth, trwy i Matthews ddangos fel y mynnai gymryd pob peth yn llythrennol. Pan ddywedodd y pregethwr y dylai blygu i'r llwch, plygu i'r llwch a wnaeth yn llythrennol, gan ymgreinio ym mhridd y ddaear yn ymyl ei gartref! 'Yr oedd efe hyd yn hyn, oherwydd ei anghynefindra â brawddegau diwinyddol, o duedd i ddaearoli pob peth, ac nid idd eu hysbrydoli' (t. 69). Fodd bynnag, bob yn dipyn dofwyd George y paffiwr a'i droi yn George y gwrandäwr astud: 'Yr oedd George yn awr yn grefyddwr diwyd a ffyddlon, yn mynychu pob moddion o ras yn gyson a di-fwlch' (t. 35). Ni bu'n hir cyn caniatáu mynediad iddo i'r seiat, gan dybied y gwnâi cynghorion y saint les dirfawr iddo:

> Ni a welwn ei fod yn weddïwr mwyach, ac yn weddïwr mawr iawn, ac yn gweddïo yn aml ac ym mhobman, er hynny, y mae yn ymddangos ei fod heb adnabod trefn yr efengyl eto. Buasai yr hen ddiwinyddion yn sicr o'i gofrestru gyda'r teulu ag oedd hyd yn hyn

o dan y ddeddf, canys rhyw ymbalfalu y mae mewn teimladau digon cymysglyd am y drws, ac yn rhywfodd yn methu cael gafael ynddo. (t. 46)

Rhydd gweddill y ddwy bennod gyfle i Matthews ddarlunio natur y seiat a gwerthoedd rhai o hen saint capel y Dyffryn ac i awgrymu'n gynnil fod erbyn hynny, sef yr 1860au, ddirywiad diwinyddol eisoes ar droed: 'Nid oeddent yn rhoi pwys yn y byd ar allu dyn, a *moral persuasion* a rhyw athrawiaethau penbleth fel yna, eithr hen Galfinistiaid trwyadl, deallwch, oedd hen dadau y Dyffryn, heb na blew na bloesgni yn eu crefydd' (t. 28). Uchafbwynt naratif y penodau hyn yw dyfodiad George o hyd i sicrwydd, ond yn groes i'r arfer, ac yn wrthbwynt i'r ymorchestu a gaed yn aml mewn llên grefyddol, cloffi o hyd i'r gwirionedd a wna:

> Gyda hyn y mae ein gwron yn gweld yr ystyr ysbrydol, y mae golau yn tywynnu, y mae fel dyn wedi cael bywyd newydd, ac fel yn anghydwybodol yn gwaeddi allan, *'Eureka, I have found it'*. Y mae'n debyg mai'r amser hwn y daeth y golau am ei achos tragwyddol, ac i ddeall pethau yn fwy tebygol i ddynion crefyddol eraill, oblegid wedi hyn yr ydym yn ei gael yn dechrau trafaelu yn fwy llyfn, fel dyn 'yn ei ddillad ac yn ei iawn bwyll'. (t. 74)

O ran y penodau nesaf, adroddir sut yr enillwyd ef i'r mudiad dirwest, a oedd yn newydd ar y pryd. Nid oedd y mudiad hwn yn gwbl dderbyniol i'r hen grefyddwyr, a gredai ei fod yn bygwth tanseilio athrawiaeth cyfiawnhad trwy ffydd yn unig, ac yn cwtogi ar eu rhyddid yng Nghrist:

> Hen fechgyn ag asgwrn cefn oedd hen ddiaconiaid y Dyffryn, ynghyd â llawer o'r aelodau parchus, nid oeddent o nifer y dynion gwlanenaidd hynny y gellwch eu plygu y ffordd y mynnoch. Yr hen Thomas Robert, William Rees a llawer eraill rhy faith i'w henwi oeddent fechgyn na fuasent yn cymryd eu troi gyda phob awel dysgeidiaeth. Hen Galfinistiaid annwyl oedd y rhain, yn dal parhad mewn gras trwy'r tew a'r tenau. (t. 79)

Ond roedd George yn hynod selog yn ei argyhoeddiad newydd, a manylir ar ei lwyddiant fel areithiwr ar y pwnc, ac yno mae'r ffugchwedl (os dyna ydoedd) yn troi'n adroddiad ffeithiol a'r awdur yn dwyn i gof ei gyfarfyddiad cyntaf â'r gwrthrych. 'Dyna y tro cyntaf y gwelsom ef, ac oddi ar hynny fyth y cadwasom ein hadnabyddiaeth ohono,' meddai Matthews; 'Cododd i fyny yn bur sydyn ar ganol llawr y capel, a chyn iddo ddweud un gair canfyddem rywbeth ynddo yn wahanol i neb oedd o fewn y lle ... yr oedd pob gair fel yn gwefru y bobl' (t. 98). Yn dilyn hyn ceir sôn amdano yn cael ei ddewis yn ddiacon, a'r hanesion amdano'n cyflawni ei ddyletswyddau – 'Y mae neilltuolrwydd George y *bruiser* ar droeon, ie yn aml hefyd, yn ymwthio i'r golwg yn George Heycock y diacon' (t. 108) – ei waith yn claddu pobl adeg y geri marwol pan na fynnai'r offeiriad fentro i'r mynwentydd, ac yna ei ymgais, yn hwyr yn y dydd, i ddechrau pregethu. Nid pregethwr ordeiniedig oedd George, nid cynghorwr hyd yn oed, ond yn hytrach leygwr hynod, o'r math y byddai Edward Matthews yn ymffrostio ynddynt: 'Gallem ddweud llawer ychwaneg, eto mae hyn yn ddigon i ddangos ... fod rhywbeth hynod, ymhell tu hwnt i'r cyffredin, yn y dyn hwn' (t. 152).

O ran cynllun y gyfrol, os gellir dweud fod iddi gynllun o gwbl, mae'n fwy o gronicl o droeon trwstan yn null y *picaro* nag o ddatblygiad bwriadol yn olrhain nodweddion y dyn, y Cristion a'r pregethwr. Cwynodd Saunders Lewis, yn gwbl gyfiawn, am '[d]diffyg ymddisgyblu [Matthews] ac anghynildeb a'i anghymedroldeb ymadrodd sy'n troi ei holl weithiau yn siom' ('Y Cofiant Cymraeg', t. 353), ac mae hyn yn arbennig o wir am *George Heycock a'i Amserau*. 'Byddai rhai yn meddwl mai ffugchwedl ydoedd,' meddai Matthews, wrth ddod â'r hanes i ben, 'eraill mai hanes rhyw hen gymeriad yn y canrifoedd o'r blaen pan oedd Cymru oll yn farfog ac yn wyllt ... Cymeriad gwirioneddol oedd George Heycock, ac, fel y gwelir, yn un hynod iawn, a gellir cael llawer o wersi oddi wrth ei ymlwybriad drwy y byd' (t. 151). Bu farw ar 22 Chwefror 1863.

EDWARD MATTHEWS, EWENNI

Rees Hopkin o'r Creunant

Yn wahanol i *Hanes Bywyd Siencyn Pen-hydd* a *George Heycock a'i Amserau*, ni throwyd ysgrifau Edward Matthews, 'Rees Hopkin o'r Creunant', yn gyfrol ac felly ni ddaeth enw Rees mor hysbys ag enwau'r ddau arall. O'u cymryd at ei gilydd, 11 ysgrif yn 1862 pan oedd yr awdur yn hanner cant oed, a thair ysgrif yn 1884 pan oedd yn 71 oed, ac un arall, sef 'Y Creunant a'i Hamgylchoedd' a gyhoeddwyd yn 1864, ffurfiant gyfanwaith afrosgo. Fel Jenkin Thomas a George Heycock, cymeriad o gig a gwaed oedd y gŵr o'r Creunant (gw. W. Samlet Williams, *Hanes Methodistiaeth Gorllewin Morgannwg*, tt. 331-2), ond ni lwyddodd Matthews i greu na chofiant na ffugchwedl ohono. Yr agosaf y daw at gofiant yw ysgrifau 1884 sy'n sôn am nodweddion ei bregethu: 'Ymunodd â chrefydd yn gymedrol ieuanc, pan oedd poethder diwygiad Llan-gan a Llangeitho heb dreulio allan yn llwyr' ('Rees Hopkin o'r Creunant', *Y Cylchgrawn*, 23 (1884), 269-73, 308-12, 362-6 [308]). Erbyn hynny roedd Matthews yntau'n ŵr mewn oed a dynnai'n helaeth ar ei gof am yr hen bregethwr lleyg. (Bu farw Rees yn 1847.) Arbenigrwydd Rees oedd iddo berthyn i'r to a edmygai Matthews fwyaf, sef yr arloeswyr cynnar o gyfnod y cydiad rhwng y ddeunawfed ganrif a'r bedwaredd ganrif ar bymtheg: 'Cyn darganfyddiad y ffyrdd haearn, a chyn bod sŵn y chwiban yn ein gwlad, gwelid Rees, ar gefn merlen, yn croesi y mynyddoedd yn hwyr nos Sadwrn, drwy y tywydd garw, am dros ugain milltir o daith' (366). Roedd creu darlun o fyd delfrydol a ffynnai yn nychymyg yr awdur yn bwysicach na llunio cofiant i'r pregethwr neilltuol hwn:

> Yr oedd Rees y cyntaf, o'r Creunant, yn ddyn hynod yn ei ddydd ... eithr Rees yr ail a adwaenem ni, ac yr ydoedd yn gyfaill calon hefyd. Y mae braidd yn anobeithiol i ni fod yn ffortunus mewn rhoi disgrifiad cywir o gymeriad Rees Hopkin o'r Creunant heb allu yn gyntaf eich arwain i mewn i ddyffryn y Creunant, i gael cipolwg ar y lle a'r trigolion. ('Rees Hopkin o'r Creunant', *Y Cylchgrawn*, 1 (1862), 43-8, 74-9, 110-15, 139-43, 176-81, 203-9, 240-6, 274-8, 303-7, 335-40, 368-73 [43])

LLÊN Y LLENOR

Fel yn ei ysgrifau 'Myfyrdod wrth y Nant' a 'Gwibdaith trwy Fôn ac Arfon', ymroi'n rhamantus i ogoniannau Duw mewn natur a wneir. Symbol yw Dyffryn y Creunant (sydd rhwng Aberdulais a Blaendulais yng ngorllewin Morgannwg gyda Chwm Tawe ar y naill ochr a Chwm Nedd ar y llall) o fywyd symlach a phurach, ac mae hiraeth Matthews amdano yn angerddol. Gyda Morgannwg yn prysur ymddiwydiannu, a'r awch am addysg a diwylliant mwy soffistigedig yn gafael yn y to a oedd yn codi, deuai'r Creunant gwledig yn arwydd o'r bywyd a oedd eisoes yn diflannu, a gwyddai Matthews na ddeuai fyth yn ôl: 'Pwy bynnag a ewyllysio astudio natur yn ei gwreiddiolder, ei symylrwydd, ei diniweidrwydd, deued i'r Creunant am flwyddyn' (46). Yn wahanol i fannau eraill yn Mlaenau Morgannwg ac yng ngorllewin y sir, roedd yr ardal braidd heb ei chyffwrdd gan gynnydd: 'Cymry [yw ei phobl], a Chymry glân, gloyw, heb fedru braidd air o Saesneg oddi eithr ychydig o Saesneg ceffylau megis *come up horse* a rhyw bethau cyffelyb' (44). Er ei fod yn ysgrifennu yn 1862, mae'r disgrifiadau o'r trigolion yn gweddu'n well i gyfnod ieuenctid Rees Hopkin, sef hanner canrif a mwy ynghynt. Mae'r darlun o Deio a Nanws, Betws Cwmdŵr ac eraill, yn sawru o fyd a oedd eisoes wedi darfod:

> Mae hi [Bet] mor fochgoch ag erioed, yn plannu pytatws drwy y dydd yn y cae draw, ac yn mynd ar ddiwrnod garw i Gastell-nedd â phasged ar ei phen, yn gwneud marchnad, yn dychwelyd, yn clymu y gwartheg, yn godro, yn gwneud bwyd i'w thylwyth, yn rhoi y plant yn y gwely, ac heb fod tamaid gwaeth yn y diwedd. Dyna y fath beth yw bywyd yn y Creunant, bywyd ydyw, nid ymlusgo yn hanner marw o'r *sofa* i'r gwely. Y maent yn yfed dŵr o'r nant, nid gwirodydd poethion; y maent yn yfed llaeth digymysg gwartheg, nid glasdwr Llundain ac Abertawe; y maent yn bwyta ebran pur, nid peillied a'i hanner yn flawd ffa; maent yn gwisgo gwlân y ddafad, nid y sidanau Indiaidd; y maent yn siarad Cymraeg, nid yn siarad Saesneg. A oes rhywbeth yn hynny? Wel, nid ydym yn gwybod a oes lawer yn y peth diwethaf – dichon fod – ond y mae yn sicr o fod rhyw bwys yn y pethau eraill. (47-8)

Man gwan y Matthews aeddfed oedd ei ddiystyrwch o

arwyddocâd y Gymraeg. Y Gymraeg, a hi yn unig, oedd yn medru cynnal cymeriadau fel y rhain, a byddai colli'r Gymraeg yn rhan o drasiedi'r cyfnewid diwylliannol yr oedd ef ei hun mor ymwybodol ohono. Ond fel llawer yn ystod Oes Victoria, ni chredodd fod modd gwneud dim byd yn ei gylch. Mae'r dyngedfennaeth hon yn rhan o'r ysictod sy'n troi cymaint o gynnyrch creadigol Matthews, a'i weledigaeth o fywyd, yn faich. Fel y dywed Ioan Williams, gwendid pennaf yr awdur oedd 'ei anallu llwyr i ddod i delerau â'r byd yr oedd yn byw ynddo' (*Capel a Chomin*, t. 9). Fel y nofelydd o'r Alban, Walter Scott, y daeth Matthews yn drwm o dan ei ddylanwad yn yr 1840au, 'Fe wnaeth fyth nerthol o hanes ei wlad, ond talodd bris am ei lwyddiant wrth ddisgrifio byd diflanedig, sef anallu i ddygymod â'r byd cyfoes' (ibid.). Y myth a gynhaliodd Edward Matthews y llenor oedd gogoniant hen Fethodistiaid cyfnod Howell Harris, Daniel Rowland a Dafydd Jones, Llan-gan. Bu'n rhaid i'r Parchedig Edward Matthews y pregethwr, cefnogwr selocaf Coleg Trefeca ac addysg y weinidogaeth, fyw yn y Gymru a fyddai'n arwain at y Forgannwg ddiwydiannol, Seisnigedig a'r byd modern. Er gwaethaf ei bŵer pregethwrol ar hyd ei oes, nid oedd ganddo weledigaeth ynghylch sut i ymgodymu â her y Gymru fodern honno, yn gymdeithasol nac yn ddiwinyddol.

Wrth ddarlunio'r Creunant, soniai am y ffyddloniaid Methodistaidd fel Catws a Morgan William, Twm Dafydd Robert, Pegi Blaencwmgwrach, Dafydd William Rosser ac Ann ei wraig, William y teiliwr, ynghyd â chymeriadau mwy brith fel Evan y smociwr, Siân Ruffydd a Mari, gwraig Rhydderch y gof, a helwyr y pentref. Roedd y cymeriadau brith, cyn-Fethodistaidd yn gymaint rhan o gyfoeth yr hen fyd â'r saint hwythau. Llonydd a hamddenol oedd bywyd y Creunant genhedlaeth ynghynt. Cyn dyfod 'haint y ffasiynau' byddai'r dynion yn gwisgo clocsiau pren, byddent yn eillio'n lân a byddai'r merched yn gwisgo'n weddus: 'Het lled ymylog a chopa uchel yw trwsiad pennau ein menywod ni oddi ar fy nghof cyntaf i, a phais o frethyn glas gwaith tŷ, a bedgwn gwlân, wedi ei liwio yn goch, hosanau gwlân gleision, ac esgidiau o wadnau coed' (177). Gwrthun oedd y fonet a wisgai

Miss Price Brynbedw, gyda'i phluf lliwgar. O ran y gwrywod, clocsiau pren amdani ac nid yr esgidiau gwadnau lledr ffasiwn newydd: 'Chwi welwch ddynion mawrion esgyrniog yn y dyddiau hyn yn cerdded mor ddistaw â chathod ar garpedau' (140). Ac roedd y syniad o dyfu barf yn wrthun:

> Echdoe y bûm dros y banc acw, ac un o'r pethau rhyfeddaf a welais erioed oedd Cymro, fel gafr wyllt, yn farf dros ei wyneb oll ... Yr oeddwn yn methu credu mai Cymro ydoedd, ond mai rhyw Iddew crwydredig ydoedd, newydd ymfudo o'r dwyreinfyd. (ibid.)

'Hawyr annwyl!' meddai'r awdur, 'Y mae dynion wedi mynd yn rhyfedd y dyddiau hyn. Beth pe byddai yn bosibl i'r hen bobl godi i fyny o'u beddau; braidd y credent mai dyma y byd yr oeddent yn byw ynddo' (141).

Casbeth y llenor oedd y rheilffordd a oedd eisoes wedi cyrraedd dyffrynnoedd Nedd a Thawe, a'r gweithfeydd glo. Ffrwyth materoliaeth a chynnydd oedd y pethau hyn, ond roedd y Creunant gwledig, cartref y llinos, yr eos a'r fwyalchen, eto'n rhydd oddi wrthynt. Roedd hefyd yn rhydd, yn ôl y sôn, oddi wrth olion y pechod gwreiddiol!

> Mae yn debyg mai canu yw y rhan fwyaf o grefydd y wlad lle nad oes bechod. Yng ngwlad y pechod y mae ŵylo, edifarhau, gweddïo am faddeuant, yn rhannau helaeth o wasanaeth dwyfol, eithr yn y gwledydd hynny lle nad yw pechod wedi halogi natur, mawl sydd yn seinio drwy y nefoedd a'r ddaear ... Nid yw y greadigaeth i gyd yn halogedig drwy bechod; y mae ambell fan glân arni. (203)

Dyma'r unig awgrym i mi ei ddarganfod fod Matthews wedi aberthu ei uniongrededd Calfinaidd ar allor mympwy ei weledigaeth ramantaidd. Yn ôl yr athrawiaeth Gristionogol, mae hyd yn oed y greadigaeth wedi ei chreithio gan y Cwymp ac arni angen cyfanrwydd a gras. Nid oes syndod, felly, i Ioan Williams haeru mai meddwl deuddyblyg oedd ganddo, ac i'w waith ddioddef o'r herwydd: 'Ni ddihangodd erioed rhag ei ymwybyddiaeth anesmwyth o'r gwrthdaro rhwng y gorffennol Calfinaidd a'r Rhamantiaeth a reolai ei ymateb i'r byd yr oedd yn byw ynddo' (*Capel a Chomin*, t. 4). Yn ôl y ddiwinyddiaeth uniongred, mae'r ddelw ddwyfol ar y newydd, y cyfoes a'r materol yn ogystal ag ar yr hen, tra bo'r llwgr gwreiddiol i'w ddarganfod mewn hynafiaeth hefyd. Ni ellid eithrio hyd yn oed Creunant yr hynafiaid o'r angen am weinidogaeth y cymod.

Pan ddaw'r weinidogaeth honno, mae'n gweithredu fel dyfais lenyddol. Yn y nawfed, y ddegfed a'r unfed ysgrif ar ddeg, cyflwynir i'r darllenydd deulu Blaen-y-cwm, y peth agosaf at uchelwyr a geir yn y gymdogaeth. Cymry diledryw oedd yr hen Sgweier Williams a'i dylwyth, a chanddynt ofal gwarchodol dros eu cymdogion. Eglwyswyr oeddent wrth reswm, ond trwy gyfrwng Mr Evans, y gweinidog ifanc o Fethodist – 'Mister', sylwer, ni chawn wybod ei enw bedydd – fe'u henillir i achos gwir dduwioldeb. Ef yw'r gweinidog delfrydol, a'i ledsoffistigeiddrwydd mor groes i erwinder cyntefig, realistig Siencyn Pen-hydd neu Iefan Tŷ-clai:

> Mr Evans y gelwid y gweinidog ieuanc, yr hwn y cyfeiriasom ato fel un wedi bod o fendith anghyffredin i'r holl ardal. Daeth yna ... pan yn ieuanc iawn, rhywle o gwmpas tair ar hugain oed, yn fachgen penddu, hynod o lanwedd a hardd, o darawiad boneddigaidd, heb fod yn falch, yn sobr heb fod yn sarrug, yn gymdeithasgar heb fod yn rhodresgar, yn serchus heb fod yn wenieithus, yn annibynnol heb fod yn hunanol, yn benderfynol heb fod yn benstiff, yn barod iawn ei atebion heb fod yn daeogaidd nac yn goegaidd ... Yr oedd pob peth y gallesid meddwl amdano yn y dyn ieuanc hwn yn ei wneud yn boblogaidd ac yn ddefnyddiol yn yr ardal hon. (337-8)

Pwrpas hyn o naratif yw cyflwyno merch ifanc y teulu, arwres drasig cyfres nesaf Matthews, 'Mary Ann Williams, Blaen-y-cwm', a ymddangosodd yn *Y Cylchgrawn* yn 1863-4, a bellach dyma ni'n symud o fyd y cofiant dychmygol i fyd y ffugchwedl. Wyth mlynedd cyn llunio ei ysgrif arloesol ar 'Y Cofiant Cymraeg', beirniadodd Saunders Lewis y nofelydd E. Tegla Davies am fynnu achub ei gymeriadau yn hytrach na gadael iddynt ddilyn eu pechodau i'r pen. Andwywyd nofel Tegla, *Gŵr Pen y Bryn* (1923) gan *'the mildew of evangelicalism ... He wants to save people, even the people of his imagination. He cannot leave them to complete the evil that is in them, but must convert them to repentance and amiability. That kind of mind is not likely to produce a masterpiece of fiction'* (*An Introduction to Contemporary Welsh Literature*, t. 12). Yr un llwydni, ysywaeth, sy'n llygru'r gwaith hwn. Dyfais yn unig yw Mr Evans ac, yn wahanol i gymeriadau effeithiolaf Matthews, nid yw'n meddu ar arlliw o realaeth:

> Efe, pan yn ddyn ieuanc, dderbyniodd ei thaid, yr hen *Squire* Williams, at grefydd; efe fedyddiodd ei thad a'i mam; efe dderbyniodd hwythau ill dau at grefydd; efe a'u hunodd mewn glân briodas; efe fedyddiodd Mary Ann, a pha drafferth bynnag fuasai yn y teulu, yr oedd ef yno, yn cydymdeimlo â hwynt ac yn gweddïo drostynt. Yr oedd fel hyn wedi mynd i deimlo yn dad i'r holl deulu, a hwythau yn teimlo yr un fath. (372)

Yr eironi, wrth gwrs, oedd i'r fugeiliaeth siwgwraidd hon fod yn gwbl groes i'r hyn a ddisgwyliodd hen saint garw'r Creunant oddi wrth Rees Hopkin a'i fath.

Erbyn i Matthews ddychwelyd i'r Creunant yn niwedd 1864, roedd Mary Ann yn ei bedd a William Tŷ'r Capel, y teiliwr gwlad a oedd yn gydymaith iddo wrth gyrchu tŷ Rees Hopkin, hefyd yn ei fedd. Rhoes yr ysgrif 'Y Creunant a'i Hamgylchoedd' gyfle i sôn am hen saint y pentref fel William – 'Yr oedd fel pe buasai wedi ei greu i fod yn ddiacon bach, canys yr oedd gwasanaethu Crist, ei weision, a'r achos ar ei galon' ('Y Creunant a'i Hamgylchoedd', *Y Cylchgrawn*, 3 (1864), 245-9 [243]) – Wil Pergrin, ei frawd yng nghyfraith, ac eraill. Er gwaethaf Rhamantiaeth hynafol y darlun, dyma ni'n ôl ym myd y cofiant. Roedd cyffyrddiad Matthews yn sicrach oherwydd dyma'r bobl, ni waeth beth am felyster yr atgof, y deuai 'Matho Pen-llîn' yn ŵr ifanc i bregethu iddynt yn niwedd yr 1830au:

> Yr oedd dau berl yn nhŷ'r capel – Wil Pergrin a Wil y teiliwr; dyna Wil o'r Felin wedyn, a Deio Shôn, Beto a Mali a lliaws eraill. Yr oeddent yn hen, rhai ohonynt yn bedwar ugain oed, a gelwid hwynt mewn ffordd o barch gan y dynion ieuainc 'Fy ewyrth William', 'Fy ewyrth Dafydd', 'Modryb Beto' a 'Modryb Mali'. Dyna lle y byddent, ambell un wrth ddwyffon, yn siarad am y peth hyn a'r peth arall, yn

y dull mwyaf gwladaidd, Creunantaidd a hynafol, a glywsoch erioed. (247)

Dyma deyrnged olaf Matthews, yn ddyn canol oed, i fyd a oedd eisoes yn darfod. O ran Rees Hopkin, yr un na lwyddwyd erioed i gyrchu ei dŷ: 'Syniad digrifol,' meddai J. J. Morgan, 'oedd ysgrifennu am fisoedd lawer am daith i dŷ Rees Hopkin, y Creunant, ac yn y diwedd beidio â chyrraedd yno, oblegid loetran ar y ffordd i ddisgrifio'r golygfeydd ac i ymgomio am arferion y bywyd Cymreig, hen a diweddar' (*Cofiant*, t. 408). ('Taith i Dŷ Rees Hopkin', *Y Cylchgrawn*, 4 (1864), 272-7, 310-4, 340-4, 365-9.) Dyma a ddywedodd Matthews amdano, a'r awdur erbyn hynny dros oed yr addewid: 'Felly aeth Rees Hopkin o'r Creunant i'w fedd mewn distawrwydd, heb fod yn ddarostyngedig i sen, cenfigen a malais, oblegid ei dalentau, eithr deng mil rhagorach, yn esiampl o weithredoedd da' (*Y Cylchgrawn*, 23 (1884), 362-6 [366]). Ni fynnai neb ddim amgenach.

Mary Ann Williams, Blaen-y-cwm

Melodrama yw 'Mary Ann Williams, Blaen-y-cwm' (*Y Cylchgrawn*, 2 (1863), 148-53, 183-6, 213-17, 247-50, 279-83, 310-14, 338-42, 370-4, *Y Cylchgrawn*, 3 (1864), 25-30), a allai fod wedi troi'n nofelig effeithiol oni bai am fethiant Matthews i ymgodymu â realiti profiad merch ar y naill law nac â her y genhedlaeth Fethodistaidd newydd ar y llall. Parhad ydyw o'r cymeriadu a ddigwyddodd yn hanes Rees Hopkin o'r Creunant. Merch hen sgweier Blaen-y-cwm yw Mary Ann a'r teulu'n rhoi i achos Methodistaidd y fro y sylwedd cymdeithasol na feddai Siencyn Pen-hydd, George Heycock a'u bath. Adroddir yr hanes yn fywiol gartrefol nid ganddi hi ei hun ond gan ddau werinwr, William ac Evan. Roedd gan Matthews glust ardderchog i fedru atgynhyrchu sgwrs gwerinwyr Morgannwg ac roedd ei adnabyddiaeth o'i bobl yn drwyadl. Hyn, ynghyd â'r darlun deniadol o fywyd y cyfnod, a rydd i'r stori ei swyn. Mater balchder i gymdogaeth gyfan yw llwyddiant 'Miss Williams', ac nid amhriodol oedd ei gyrru oddi cartref i ddysgu boneddigeiddrwydd a moes. Ond Methodistiaid oedd y teulu bellach ac nid Eglwyswyr, a'r angen i warchod duwioldeb yn gymhelliad yr un mor bwysig â dysgu ymddygiad priodol. I ysgol Mrs Brown y caiff Mary ei hanfon, mewn tref nid rhy bellennig ond yn ddigon pell iddi letya yno dros y tymor a throi ymhlith etifeddesau'r dosbarth uwch. Un fydol ei bryd oedd y feistres, ac yn ganolog yn y cwricwlwm roedd cael y merched bonheddig ifainc i fynychu dawnsfeydd: 'Er maint yw balchder calon dyn, yr oedd pawb yn gorfod cyffesu fod y *ladies* a droid allan gan Mrs Brown yn tra rhagori yn yr *accomplishment* hyn, ac nid oedd hynny'n cael ei ystyried ymhlith y boneddigesau yn un o'r pethau lleiaf' (151).

Mae Mary Ann ar y dechrau yn anesmwyth iawn gyda'r bywyd hwn am iddo dorri'n groes i'r ddisgyblaeth ddefosiynol a ddisgwylid ganddi. Yn ogystal â chael clywed am ei hanes trwy ymgom gartrefol William ac Evan, clywir ei llais yn ei llythyrau at ei mam a'i thad. 'Yr wyf yn penderfynu cyrraedd yr amcan y deuthum yma, pa beth bynnag fyddai'r anawsterau,' meddai, 'canys fel y dywedasoch lawer gwaith, y mae boneddiges heb ddysgeidiaeth lawn mor hyll â "benyw lân heb synnwyr"' (152). Ceisio dysgeidiaeth oedd nod y genhedlaeth Fethodistaidd a ddaeth i'w hoed ganol y ganrif, ac er mor angenrheidiol oedd rhodio'r llwybr hwnnw, nid oedd heb ei beryglon. Nid oedd crefydda yn rhan o feddylfryd yr ysgol, ond daliodd Mary Ann i ddarllen a gweddïo yn ôl cyngor Mr Evans y gweinidog: 'Yr wyf yn darllen rhyw gyfran bob dydd o'r Beibl bach a gefais ganddo ef, ac yn ceisio gweddïo yn ôl fel yr oedd yn cyfarwyddo, ac yr wyf yn cael pleser mawr wrth hynny' (ibid.). Un rinweddol odiaeth yw Mary yn ôl y ffaith ac yn ôl y confensiwn – 'Pan y bydd hi yn gwenu y mae yn amhosibl bod yn drist: nid oes yr un drwg ysbryd a all fyw yn llewyrch ei gwyneb' (215) – ac mae'n benderfynol o gadw'n ffyddlon at werthoedd ei magwraeth.

Fodd bynnag, wrth i'r misoedd fynd yn eu blaen daw Mary i gyfarwyddo fwyfwy â'i harferion newydd, a dengys ei llythyrau adref fod ei rhagdybiaethau moesol, braidd yn ddiarwybod, yn llacio a bydolrwydd y lle yn troi'n gyfforddus ganddi: 'Pan bydd *ball*, y mae Mrs Brown yn gwahodd rhai o *officers* y milwyr sydd yn y dref, ac mae sôn fod Miss Lambert wedi rhedeg i briodi gyda Capten Gordon,' meddai, heb chwithdod, wrth ei mam; 'Dywedir y bydd hyn yn groes iawn i ewyllys ei thad, ond gwn fod Mrs Brown yn caniatáu iddo ddod i'r parlwr' (154). Ceir llai o gyfeirio yn ei llythyrau at ei bywyd defosiynol, a chyn hir mae'r sôn amdano'n pallu'n llwyr. Bellach nid yn unig mae'n cyfreithloni'r arferion newydd, ond mae'n ymfalchïo ynddynt: 'Yr ydwyf yn ... boddhau Mrs Brown yn ddirfawr mewn miwsig a dawnsio. Yr wyf yn meddwl ei bod yn ysgol dra effeithiol i ddysgu'r *accomplishments* hyn, canys y mae Mrs Brown yn cael ei hystyried yn flaenaf ym mhob *ballroom*' (186). Daw cyfle i ailafael yn y gwerthoedd priodol yn ystod gwyliau'r ysgol ac i adnewyddu perthynas â'r gweinidog, ond mae'r darlun a dynnir yn dangos merch a min ei chrefydd wedi pylu: 'Nid yw Mary Ann mor hwylus i ymddiddan am grefydd ag y bu, ac eto nid yw'n hollol anhwylus ychwaith. Y mae ganddi grefydd dda ond mae fel pe bai ychydig o lwch yn ymgrynhoi o'i chwmpas' (216). Diddorol iawn yw sylwadau ei rhieni sy'n dangos y cyfnewidiad oedd rhwng y ddwy genhedlaeth oddeutu canol y ganrif. Bellach mae Methodistiaeth yn gorfod ei diffinio'i hun nid fel sect sy'n wrthwynebus i'r byd, ond fel sefydliad pwerus a chanddo statws oddi mewn i'r byd Anghydffurfiol newydd yr oedd hi wedi helpu i'w greu: 'Ei mam, wrth gwrs, yn deall fod yr oes yn myned yn y blaen, ac yn gydweddol â hynny fod y plant yn gwybod mwy na'u rhieni, nid oedd ganddi ddim i'w wneud ond cydsynio â'r addysg, yn unol â defod yr amserau' (215).

Wedi i Mary Ann ddychwelyd i'r ysgol, gwaethygu a wna'r sefyllfa. Ymhlith ei hymwelwyr roedd Capten Pratt, 'dyn ieuanc yn y fyddin a oedd wedi taflu llygad carwriaethol ar Miss Williams' (217). Ymhen dim daw'r ddau yn gariadon. Ni ŵyr Matthews yn iawn beth i'w wneud â'r cymeriad hwn ar wahân i'w droi'n ddihiryn: 'Yr oedd Capten Pratt yn ddyn ieuanc lled wyllt ac anystyriol, nid yn unig yn ddifeddwl am grefydd ond hefyd yn dirmygu pob peth difrifol' (248). Daw'n symbol o bopeth roedd yr awdur piwritanaidd yn ei ffieiddio: coegni, rhwysg filwrol, y safonau bwrdeisiol newydd a oedd yn andwyo'r wlad, a balchder: 'Rhyw goegyn *cadwynog* a *modrwyog* iawn ydoedd hefyd gallesid meddwl wrth edrych ar [ei] fysedd a'i wddf' (ibid.). I goroni ei bechodau mae'n dwyn calon Mary Ann. Po ddyfnaf yr â'r berthynas, pellaf yr aiff Mary oddi wrth werthoedd ei magwraeth: 'O dipyn i beth, ysywaeth, enillodd y capten serch Miss Williams a gwelid arwyddion amlwg ynddi hi ei bod yn ymddieithrio yn lled rwydd oddi wrth foddion crefyddol' (ibid.). Mae'n addo ei phriodi, ond cyn iddi hi dorri'r newyddion i'w rhieni, mae'r capten yn diflannu'n ddisymwth ac yn ei hysbysu trwy lythyr iddo gael ei alw gan ei gatrawd i India'r Dwyrain gan ei gadael yn ddiymgeledd. Mae'r ffaith mai Saesneg yw'r llythyr, mai Saesneg yw iaith eu hymddiddan a chyfrwng holl weithgareddau'r ysgol, yn tanlinellu'r gwrthgyferbyniad rhwng y ddau fyd. Symbol yw Mary Ann hithau, fel ei chartref yn y Creunant, o lendid, purdeb a delfrydau'r Fethodistiaeth gyntefig. Wrth ddarllen llythyr Pratt, mae Mary yn llewygu, a phan elwir y meddyg ati daw'n amlwg nad siom yn unig a barodd y llewyg ond y ffaith ei bod yn cario plentyn Capten Pratt:

> 'Y *rascal*', ebe y doctor, 'dim amser i ddywedyd ei fod yn cychwyn gan mor fyr oedd y rhybudd, y *rascal* celwyddog: y mae o dan rybudd ers chwe mis'. Ysgydwodd y doctor ei ben a throdd allan o'r ystafell gan ddywedyd: 'Yr wyf yn ofni bydd canlyniadau gofidus i hyn, ac nid ydyw yn anrhydeddus i chwithau, Mrs Brown, nac i'ch ysgol ychwaith'. (250)

Melodrama yw'r stori hon ac mae'n methu ym mhob gafael. Nid oes ynddi ddim sy'n argyhoeddi: purdeb arallfydol Mary Ann a gwendid delicet ei chyfansoddiad; anaddasrwydd eithafol ysgol Mrs Brown ar gyfer boneddigesau Methodistaidd; enbydrwydd y siom sy'n lladd ei thad, yr hen sgweier, ac sy'n gyrru ei mam i wallgofrwydd, heb sôn am ei pharodrwydd i gael ei swyno mor rhwydd gan ddyn mor anaddas yn y lle cyntaf: 'O fy mam annwyl, y mae iechyd o'r cwestiwn mwy; yr ydwyf wedi fy nistrywio; collais deimladau crefydd, tynnwyd fi i ysgafnder ac mewn oriau anwyliadwrus i bechu yn erbyn Duw, a dyma fi yn awr o dan gerydd yr Hollalluog' (282). Mae'r hyn a allai fod yn astudiaeth afaelgar o gyfyng-gyngor unigolyn delfrydgar wyneb yn wyneb â realiti bywyd, yn troi'n foeswers ystrydebol. Mae'r awdur allan o'i ddyfnder yn lân. Cymodir Mary Ann, yn ôl y disgwyl, â Mr Evans y gweinidog ac mae'n marw (a'r Beibl a roes ef iddi hi o dan ei chlustog) dan ganu 'Golchwyd Magdalen yn ddisglair / A Manasse'n hyfryd wyn': 'Rhoddodd un ochenaid eilwaith, a chlywid hi yn sibrwd yn ddistaw, "I Dduw y byddo y diolch, yr hwn sydd yn rhoddi i ni y fuddugoliaeth trwy ein Harglwydd Iesu Grist"' (340). Pedair ar bymtheg oed ydoedd pan fu farw, a dilynwyd hi i'r bedd yn fuan gan ei thad a'i mam gan adael Mr Evans y gweinidog yn unig ar ôl: 'Druan o'r hen weinidog! Y mae yn colli ei gyfeillion gorau, ond dyna, ni phery yr amser yn hir, canys mae yntau hefyd yn disgyn i briddellau y dyffryn, ac yn ddiau bydd yr amgylchiadau rhyfeddol hyn yn tueddu i gyflymu yr amser hwnnw' (374). Nid dyna ddiwedd y stori oherwydd daw'r Capten Pratt i drybini hefyd, ei gyd-filwyr wedi'u lladd ac yntau'n cael ei boenydio gan anwariaid roedd yr Ymerodraeth Brydeinig yn bod er mwyn eu gwastrodi: 'Yr oedd fel pe buasai y barnau cyhoeddedig yn ei ddilyn, a gwaed Mary Ann yn gweiddi o'r ddaear yn ei erbyn, ar Farnwr y byd' (*Y Cylchgrawn*, 3 (1864), 25-30 [28]).

Nid yw'r nofelig hon yn gwneud cyfiawnder â medrusrwydd Edward Matthews fel llenor creadigol. *Fe* berthyn iddi rinweddau: llithrigrwydd ymadrodd, bywiogrwydd ei golygfeydd, ac ymgais o leiaf i gyfleu cymhlethdod bywyd mewn oes a oedd yn newid yn ddirfawr. Soniodd Ioan Williams am anwadalwch y cyfnod rhwng dau gyfnod: 'Fel llenor fe greodd [Matthews] o'r anwadalrwydd hwn ddyfais dechnegol a oedd yn gyfrwng i gyfleu gweledigaeth gymhleth o'r natur ddynol a sefyllfa dyn yn y byd' (*Capel a Chomin*, t. 15). Er nad oedd yn nofelydd agos mor orffenedig ac athrylithgar â'i gyd-Fethodist Daniel Owen, mae ei le yn ddiogel ymhlith rhyddieithwyr medrusaf y bedwaredd ganrif ar bymtheg.

LLÊN Y LLENOR

V

LLENOR 'NYTH Y DRYW'

Y Colofnydd

Yn rhifyn mis Mehefin 1866 o'r *Cylchgrawn*, cafwyd y penillion hyn:

> ... Mewn dinas hardd, a thyrau certh,
>   Y celfau heirdd yn wych sy'n byw,
> Ond tewfrig bren neu gysgod perth,
>   O hyd yw hoff drigfannau'r Dryw.
>
> O! ael y bryn, O! ddeiliog allt!
>   Nef ddedwydd yr aderyn, clyw!
> Harddwch dy wedd, a'th brydferth wallt,
>   Sydd anfarwoldeb pur i'r Dryw.
>
> Y dderwen frigog, ti sydd ben,
>   Tydi yw'r fryniog freiniol lyw,
> O'th flaen y plyg yn rhwydd bob pren,
>   Ac yn dy wallt y nytha'r Dryw ...
>
> ('Nyth y Dryw', *Y Cylchgrawn*, 5 (1866), 212)

'Nyth y Dryw' oedd yr enw a roes Matthews ar yr ystafell fach yng nghefn ffermdy Ewenni Isaf lle byddai'n llunio'i bregethau, yr ystafell yr ymwelodd yr hanesydd Gomer M. Roberts â hi yn 1937 wrth ddilyn llwybrau'r pregethwr ddwy genhedlaeth wedi ei farw. 'Arweiniwyd fi i'r ystafell fechan y byddai'r gŵr mawr yn ei defnyddio fel myfyrgell, sef ystafell isel yng nghefn y tŷ a'i ffenest yn wynebu tua'r hewl,' meddai; 'Ai hon, tybed, a awgrymodd y teitl "Nyth y Dryw" ar y golofn ddifyr yn *Y Cylchgrawn*, lle gynt y cafwyd cymaint o flasusfwyd i'r darllenwyr?' ('Ai Matthews biau'r Fro?', *Western Mail*, 20 Hydref 1937; ailargraffwyd yn Gomer M. Roberts, *Cloc y Capel: Ysgrifau ac Ysgyrsiau*, tt. 126-7). 'Nyth y Dryw' hefyd oedd yr enw a roes ar ei stydi yn ei gartref yn Nhreganna (gw. Morgan, *Cofiant*, t. 91), ac o fis Ionawr 1864, pan luniodd ei lith gyntaf yng ngholofn 'Nyth y Dryw', hyd fis Rhagfyr 1880 pan ddaeth y golofn i ben, fe'i defnyddiodd i draethu ei farn ar y byd a'i helyntion.

Newidiasai Cymru yn aruthrol yn ystod yr un mlynedd ar bymtheg hyn. Gwelwyd eisoes mai prif thema'r cofiannau a'r nofelau oedd y newid a fu rhwng Methodistiaeth gyntefig, arw ei moes, arwrol y ddeunawfed ganrif a'r grefydd fwy llyfn a mwy poblogaidd roedd Matthews ei hun wedi cyfrannu mor nodedig iddi. 'Yn y blaen y mae hi yn myned gyda chrefydd,' meddai yn 1865; 'Er nad oes dim diwygiadau mawrion ac ychwanegiadau y dyddiau hyn, bwrw gwraidd y mae achos crefydd. Gwelir gwelliant mawr gydag adeiladu capelau ac ymdrech ryfeddol i dalu eu dyled, yr hyn sydd yn dywedyd llawer' (Gorffennaf 1865, 229 [Oni ddywedir yn wahanol, daw'r holl ddyfyniadau a ganlyn o'r golofn 'Nyth y Dryw'; nodir y mis, y flwyddyn a'r tudalen yn unig]). Cynyddodd aelodaeth eglwysi Methodistaidd Morgannwg o 10,000 yn 1860 i 17,000 ugain mlynedd yn ddiweddarach, a nifer y capeli o 100 i 165 (gw. John Gwynfor Jones (gol.), *Hanes Methodistiaeth Galfinaidd Cymru*, cyfrol 3, *Y Twf a'r Cadarnhau, c. 1811-1914*, tt. 622, 628). Codai'r tensiwn o'r ffaith fod crefydd yn cynyddu o dan weinidogaeth Matthews a'i debyg, tra bo'i hansawdd, neu ei hansawdd tybiedig, i'w weld yn dirywio yn yr union weithred o droi Cymru, chwedl Henry Richard, yn 'genedl o Ymneilltuwyr'. Roedd y grymusterau a fyddai'n creu'r Gymru Fictoraidd: diwydiannu, trefoli, dyfodiad y rheilffyrdd, addysg orfodol i bawb, gwleidydda, ehangu'r defnydd o'r Saesneg – ac ym Mro Morgannwg, gefnu ar y Gymraeg – oll yn creu cymdeithas dra gwahanol i'r un y ganed (ac yr ailaned) Matthews iddi. O ran diwinyddiaeth troes 'Oes yr Iawn' yn 'Oes yr Ymgnawdoliad', gyda'r canoli mawr ar ddeddf Duw, dyhuddiant a chosb trwy aberth y groes, yn ildio i syniadau mwy optimistig a dyneiddiol am yr *imago Dei* ('delw Duw') mewn dyn yn hytrach na'i euogrwydd a'i fai (gw. D. Densil Morgan, 'O'r Iawn i'r Ymgnawdoliad', 6-27). Cyn hir byddai barn Duw ac uffern yn cael eu llusgo o'r golwg. Roedd yr holl bethau hyn yn gefndir i'w lithoedd yn 'Nyth y Dryw'.

Y gwatwarwr llym

Agorodd y gyfres gyda ffrwydriad a barodd i enw Matthews ddatseinio trwy'r Fro. Adroddwyd yn rhifyn Chwefror 1864 am ddawns, sef y *Bachelor's Ball*, a gynhaliwyd ym Mhen-y-bont ar Ogwr dan nawdd Theodore Mansel Talbot, etifedd ucheleglwysig C. R. M. Talbot, Abaty Margam, aelod seneddol Torïaidd Morgannwg ac un o brif dirfeddianwyr y sir. Nid dawns gyffredin mo hon ond achlysur i uchelwyr Morgannwg ymorchestu yn eu statws ac ymroi i sbri a oedd yn wrthun i'r gydwybod biwritanaidd: 'Ni fu y fath rialtwch erioed ym Mhen-y-bont o'r blaen ar ffurf dawns' (Chwefror 1864, 61). Yr hyn oedd yn dân ar groen Matthews oedd nid yn gymaint rwysg yr achlysur, er i hyn ennyn ei wawd – 'Pa niwed a all fod mewn bod boneddigion a boneddigesau yn ymgrynhoi ynghyd i gael ychydig o fwynhad cymdeithasol?' (ibid., 62) – ond y ffaith fod cymaint o glerigwyr yn bresennol, ac yn amlwg yn eu mwynhau eu hunain. Cafodd ei watwareg wrthrych dihafal, ac roedd y min ar ei ddychan yn greulon: 'Yr oedd Mr Talbot yno yn bennaf gŵr, a chapten hwn a chapten arall, a faint a fynner o foneddigesau hanner noethion' (ibid.). Yr hyn a daflodd y saim i'r tân oedd i Matthews eu rhestru: gwraig a merched y Parchedigion Edward Bruce Knight o'r Notais, Thomas Edmonds y Bont-faen, a Rosser Tyler Llantriddyd, ill tri yn offeiriaid efengylaidd a honnai eu bod yn dduwiol. Ond gwaeth na hynny oedd y rhai a'i mynychodd:

> Nid yn unig yr oedd y teuluoedd yno, ond yr oedd y boneddigion parchus a ganlyn yno yn gorfforol, ac yn dawnsio ei chalon hi, sef y Parchg Charles Edmonds Trelalas, William Somerset, Lewis Thomas Sant Hilari, a'r Parchg F. Taynton, Pont-faen. Yr oedd dau

yn enwedigol yn gallu taflu eu coesau gyda graslonrwydd a boneddigeiddrwydd a achosodd edmygedd cyffredinol. (ibid.)

Ni wyddys sut y daeth Matthews o hyd i'r wybodaeth, ond roedd ei ddisgrifiad graffig a'r argraff a wnaeth ar ei ddarllenwyr yn peri chwerthin mawr:

> Onid ydyw yn naturiol i'r wlad feddwl mai sancteiddrwydd i'r Arglwydd yw *balls* i ddawnsio, yn gymaint â bod gweinidogion y cysegr yn mynychu y cyfryw leoedd, ac yn ymwneud â'r cyfryw arferion? Pa le y mae esgob Llandaf? Dyma waith i chwi, syr, i edrych ar ôl y cywiaid hyn! (ibid.)

Ar un wedd, nid oedd dim yn amhriodol mewn cynnal dawns, nac ychwaith i offeiriaid a'u teuluoedd ei mynychu, ond y tu ôl i bolemig deifiol Matthews roedd canrif a chwarter o ledaeniad y grefydd efengylaidd. O dipyn i beth roedd y werin, neu gyfran gynyddol ohoni, wedi cefnu ar arferion isel ac wedi ymroi i ddyrchafu purdeb moes a sancteiddrwydd buchedd. Er i litwrgi Eglwys Loegr a cholectau'r Llyfr Gweddi Gyffredin bwysleisio'r angen am feithrin y bywyd sanctaidd, teimlai llawer fod yr offeiriaid, yn amlach na pheidio, wedi rhwystro gwir dduwioldeb yn hytrach na'i fagu. Cymysg, ar y gorau, oedd agwedd Matthews tuag at yr Eglwys Anglicanaidd. Eglwyswyr oedd y Methodistiaid cynnar, Howell Harris a Daniel Rowland, a gwŷr mewn urddau eglwysig oedd ei arwyr yntau, Dafydd Jones Llangan a Howell Howells Tre-hyl. Nid oedd amheuaeth ychwaith nad oedd yr Eglwys yng Nghymru erbyn yr 1860au yn prysur ymadfywio, nid yn lleiaf ym mhlwyfi Morgannwg. Gŵr o anian efengylaidd bendant oedd Alfred Ollivant, esgob Llandaf. Gorfu i hyd yn oed Matthews gyfaddef: 'Mae Esgob Llandaf wedi gwneud llawer o ddaioni yn ei esgobaeth yn ddiamau' (Mehefin 1865, 195). A gwelwn, gyda hyn, pa mor eiddgar fyddai Matthews o blaid 'Yr Hen Fam' yn gyffredinol. Pechod parod yr eglwys wladol, fodd bynnag, oedd anghofio'i chenhadaeth achubol a dychwelyd i fod yn ddim amgen na phŵer bydol:

> Y sabath o'r blaen dyrchafai yr offeiriaid parchus eu golygon tua'r nef mewn gweddïau difrifol, ar fod y byd yn cael ei achub, a dynion

yn cael eu cadw rhag marwolaeth ddisyfyd, rhag iddynt syrthio i uffern, ac yn awr eto, yng nghanol gwledd, [wele] fiwsig, dawnsio, crechwen a halogedigaeth ... (Chwefror 1864, 62) ... Na, dyw pulpud a *ball* ddim yn gydnawsol iawn, y maent fel Crist a Belial, goleuni a thywyllwch, credadun ac anghredadun. Bydded Eglwys Loegr yn *addurn*, nid yn *warth* i gymdeithas. (ibid., 63)

Erbyn rhifyn mis Ebrill o'r *Cylchgrawn* roedd yr hyn a ysgrifenasid er budd a difyrrwch i Fethodistiaid Morgannwg wedi tynnu sylw'r papurau newydd a throi'n wybodaeth gyffredin i bawb. Roedd enw Matthews yn destun ffieidd-dod bellach ymhlith bonheddwyr a chlerigwyr sir gyfan:

Y mae y ddawnsfa ym Mhen-y-bont wedi troi allan yn brofedigaethus i lawer, fel y bydd pechodau yn gyffredin, yn chwerw iawn yn eu canlyniadau. Gwnaethom ychydig sylwadau ar y parchedigion dawnsyddol ers ychydig yn ôl, a dyma hi yn dân ac yn deimlad trwy yr holl amgylchoedd. Nid oeddent rywfodd yn ddarparedig i dderbyn 'gair o gyngor'. (Ebrill 1864, 124)

Un o'r profedigaethau hynny oedd y ffaith fod yr offeiriaid a'r uchelwyr wedi ymgynghreirio er mwyn troi Matthews allan o'i gartref. Un o'r rhai a fu'n bresennol yn y rhialtwch oedd Gervase Powell Turberville, perchennog tiroedd Ewenni Isaf, a gythruddwyd nid yn unig gan sylwadau Matthews ynghylch yr eglwys sefydliadol ond gan ei eiriau miniog yn erbyn y dosbarth uwch:

Os ydych am weled gloddesta, meddwdod, dawnsiau, rhialtwch, anlladrwydd a godineb yn eu mannau uchaf, rhaid i chwi edrych i mewn i'r palas, y castell a thai gwychion tywysogion cyfoeth a gloddest y byd. Yma y gwelir holl ffieidd-dod y natur ddynol wedi ymgrynhoi o dan glogyn diwylliant. (Mawrth 1864, 98)

Roedd y menig wedi'u tynnu erbyn hyn a'r clatsio yn enbyd. Wedi profi blas gwatwareg Matthews, rhybuddiodd ei landlord ef fod les y tyddyn ar ben ac y byddai'n rhaid iddo ymadael ar unwaith, felly wedi deuddeng mlynedd ddedwydd ym mhentref Ewenni, dyna Edward a Jane yn troi am Dreganna. Prynu les i'w tŷ eu hunain a wnaethant yno. Serch hynny, fel un o broffwydi'r Hen

Destament, roedd Matthews yn ddiedifar: 'Os y *dancing clergy* yw yr offeiriaid arweiniol, dylai fod cywilydd arnynt, canys y maent yn sicr o arwain eu canlynwyr i ddistryw' (Ebrill 1864, 126). Gogoniant Dafydd Jones Llan-gan oedd iddo ddileu rhialtwch a mabsantau trwy bregethu sancteiddrwydd ac nid trwy gynnal dawnsfeydd: 'Gwellhewch eich ffyrdd ac nid cnoi y wialen. Yn gymaint â bod y gwirionedd yn gryfach na thafod drwg, yr ydym yn meddwl glynu wrtho drwy'r tew a'r tenau' (127). Roedd Matthews yn 51 oed ar y pryd.

Cymhleth, fel y dywedwyd, oedd ei berthynas â'r Eglwys Anglicanaidd yng Nghymru. Yn wahanol i'r Hen Ymneilltuwyr, yr Annibynwyr a'r Bedyddwyr, nid oedd gan Matthews y Methodist unrhyw anghytundeb â'r Eglwys fel y cyfryw. Gallai dderbyn y syniad o esgobyddiaeth, y drefn blwyfol ac arferion y Llyfr Gweddi Gyffredin. O ran y Llyfr Gweddi, 'nid oes yr un llyfr, o gyfansoddiad dynol, yn dal allan athrawiaeth bur a buchedd bur yn fwy amlwg a gogoneddus' (ibid., 125), meddai. Nid am resymau athrawiaethol y cefnodd y Tadau Methodistaidd ar y sefydliad, ond rhai ymarferol. Petai'r esgobion wedi hyrwyddo'r Diwygiad Efengylaidd, ni fyddent wedi cael rheswm i ymadael o gwbl. Yn wahanol i Lewis Edwards, datgysylltwr ymarhous ydoedd, gan fod weithiau o blaid perthynas y wladwriaeth â'r Eglwys ac weithiau yn ei herbyn: 'Ni charem fod heb yr eglwys sefydledig fel y mae,' meddai yn 1866, 'canys y mae'r daioni a wneir drwyddi a chanddi y tu hwnt i ddealltwriaeth' (Tachwedd 1866, 394). Trwy beri i'r wladwriaeth dalu gwrogaeth i Gristionogaeth, cedwid y bobl rhag seciwlariaeth a'r wlad rhag anhrefn:

> Y mae manteision mawrion yn nwylo Eglwys Loegr, a chyda defnyddiad priodol, gellid gwneud lles anhraethol i Ynys Prydain. Yr ydym yn llawenhau wrth weled yr ymdrechion clodwiw a wneir gan lawer o'i meibion ardderchog yn y dyddiau hyn i lesoli dynoliaeth. Y mae eto o'i mewn gannoedd a miloedd o'r dynion gorau, yn weinidogion ac aelodau, a fedd Prydain Fawr. Aed yn y blaen, a llwydded. (Ebrill 1865, 130)

A'r hyn oedd yn wir am Brydain oedd yn wir am Gymru, a Morgannwg, hefyd. Trasiedi yr Eglwys oedd ymadawiad y Methodistiaid â hi yn 1811. Am gyhyd, dim ond plisgyn oedd ar ôl: 'Nid oes neb yn meddwl am lawer o grefydd mewn cysylltiad â'r llannau. Hen dai llwydion oeddent heb na chyrff nac eneidiau ynddynt, wedi eu gadael i'r ystlumod' (Mehefin 1865, 165). Ond bellach roedd ysbryd newydd yn cyniwair o'u mewn, yr efengyl yn cael ei phregethu'n ffyddlon a'r 'llanwyr', fel y geilw Matthews hwy, yn cael eu bywiocáu. Gydag offeiriaid o ansawdd John Griffiths, Castell-nedd, John Powell Jones, ficer Llantrisant a David Howell, 'Llawdden', yn tynnu tyrfaoedd i blwyf pwysig Sant Ioan, Caerdydd, roedd 'Yr Hen Fam' yn gwisgo'i gogoniant drachefn (ibid., 167). Ond dechrau pethau yn unig oedd hyn. Perygl yr Eglwys o hyd oedd syrthio'n ôl: 'Pe bai yr eglwys yn gallu ymryddhau yn fwy oddi wrth ei ffurf wladol, byddai cydymdeimlad cenedlaethol yn rhedeg yn gryf iawn gyda hi' (Mawrth 1866, 107).

> Yr wyf yn fodlon i'r eglwys i fywhau ei hun mewn crefydd; gallem gymuno gyda hi, ac ynddi, fel y cyfryw, a gweddïo drosti a chyda'i chynulleidfaoedd. Eithr y hi, neu un sect arall, i fod yn allu gwladol, nid ydyw yn beth posibl i gnawd nac ysbryd ei ddioddef. (Chwefror 1866, 68)

Fel yr aeth yr ymgyrch ddatgysylltu rhagddi, ac yn neilltuol wedi etholiad 1868 a welodd benodi William Gladstone yn brif weinidog a Henry Richard yn aelod dros Ferthyr Tudful, bwriodd Matthews ei goelbren yn derfynol o blaid datgysylltiad. Dyna a fyddai ei gwaredigaeth hi:

> Yr ydym am weled yr eglwys yn offerynnol er daioni, ar yr un pryd nid ydym yn disgwyl hynny yn hollol nes ei datgysylltir hi, yna y disgwyliwn y gwna flodeuo eto fel rhosyn. Bydd ei llywodraeth yn nwylo swyddwyr crefyddol ac nid swyddwyr gwladol. Yr ydym yn disgwyl pethau mawrion eto oddi wrth yr hen eglwys. (Chwefror 1869, 65)

Meddai eto, ddwy flynedd yn ddiweddarach:

EDWARD MATTHEWS, EWENNI

> Nid ydym yn meddwl fod neb yn dymuno gweled cwymp yr eglwys sefydledig fel gallu ysbrydol a moesol, ond yn unig fel gallu tymhorol. Ac yr ydym yn credu hyd yn oed yng Nghymru y byddai yr enwad hwnnw yn effeithiol, os nad y mwyaf effeithiol yn y dywysogaeth, o dan egwyddor datgysylltiad. (Mehefin 1871, 205)

Diddorol, hefyd, yw ei sylwadau terfynol ar y mater yn 1874:

> Yr ydym ni ein hunain, dros ysbaid helaeth o'n hoes, wedi bod yn nod i saethau yr eglwys wladol, ac o dan erledigaeth aml, eto nid ydym wedi colli nemor parch i'r sefydliad. Yr ydym yn credu nad oes dim corff o athrawiaethau mwy iachus, fel yr oedd y diwygwyr [Protestannaidd] yn eu deall, mewn bod. Nid yn erbyn y pethau mawr hyn yr ydys yn ymosod, ond yn erbyn undeb yr eglwys a'r llywodraeth wladol. (Chwefror 1874, 73)

Cymerodd amser helaeth, fodd bynnag, i offeiriaid Bro Morgannwg faddau i Edward Matthews am ei farn amdanynt a huodledd ei fynegiant ohoni.

Gwleidyddiaeth a materion cyhoeddus

O ran gwleidyddiaeth, Rhyddfrydwr oedd Matthews er nad oedd a fynno â gor-radicaliaeth o gwbl. Credai fod gofyn i grefyddwyr ymroi i'w dyletswyddau gwladol, ond arswydai hefyd rhag bygythiad i'r drefn. Roedd ei gred mewn *laissez faire* yn nodweddiadol o ddosbarth bwrdeisiol Oes Victoria: 'Y ffordd yw i feistriaid a gweithwyr siarad â'i gilydd, y naill a'r llall i fod yn dawel i delerau y farchnad, a myned yn y blaen mewn heddwch. Bydd hyn yn well o lawer i bob tu, ac yn iechyd cyffredinol i fasnach y deyrnas' (Mai 1865, 164). Pa mor dderbyniol bynnag oedd hynny ar y pryd, byddai'n anghymhwyso Anghydffurfiaeth i fod yn berthnasol i fywyd gweithwyr Morgannwg yn y genhedlaeth a ddilynodd ei farwolaeth.

Cafodd sylwi yn 'Nyth y Dryw' ar faterion gwladol pan oedd Methodistiaeth yn dod i'w hoed yn wleidyddol a phan oedd Cymru hithau'n dechrau ymorol am ei hawliau cysefin fel cenedl. Yn 1867 cafwyd yr Ail Ddeddf Ddiwygio ac roedd ei edmygedd o lywodraeth yr Arglwydd John Russell, a aeth â'r ddeddf trwy'r Tŷ, yn ddi-ben-draw: 'Dyn yw'r Arglwydd Russell sydd yn teilyngu y parch mwyaf oddi wrth ei wlad, fel un o'r rhai sydd wedi gwneud mwyaf o les i bawb' (Chwefror 1866, 68). Roedd Benjamin Disraeli, yr arweinydd Torïaidd, yn atgas ganddo: 'Dyn galluog ydyw, treiddgar, ffals a gwenwynig ei dafod, heb un cydymdeimlad cenedlaethol' (Medi 1866, 210), ac felly hefyd ei blaid: 'Y Torïaid a'r Eglwys ynghyd sydd wedi gorthrymu ein gwlad trwy'r holl oesau, wedi ennyn y fflamau tân i losgi ein tadau a chadw ein plant mewn cadwynau tynion' (Ionawr 1866, 31). Rhethreg oedd hyn, wrth gwrs, ac nid gwrthrychedd. Ond roedd diwygio yn yr awyr, o dan Russell i ddechrau ac yna o dan Gladstone, gydag etholiad hanesyddol 1868 yn rhan o fwrlwm y cyfnod. I Fethodistiaid, Henry Richard oedd y mab darogan: 'Gobeithio y gwna y *Reform* sydd yn bresennol o flaen y Tŷ gyfnewidiad mawr yn y cyfeiriad hwn, ac y gwelwn cyn hir y fath ddynion â Mr Henry Richard ... yn cynrychioli rhai o drefydd a siroedd Cymru' (Mai 1866, 181). A thrachefn: 'Yr ydym yn edrych ar Mr Henry Richard fel y dyn cymhwysaf i gynrychioli Cymru ... yn yr oes hon' (Tachwedd 1867, 427). Roedd mab Ebenezer Richard Tregaron eisoes wedi gwneud enw iddo'i hun ym mywyd cyhoeddus Llundain, yn un peth trwy ddehongli Cymru i'r Saeson yn ei *Letters on the Social and Political Condition of Wales* (1866): 'Nid ydym wedi gweled cyfres o lythyrau mwy galluog wedi eu hysgrifennu, na chymaint o wybodaeth ynghylch Cymru mewn cyn lleied o le' (Mai 1866, 181). Gyda'r sôn am ehangu nifer yr etholwyr a rhoi i weithwyr cyffredin y bleidlais, synhwyrai pawb fod chwyldroad ar fin digwydd. Pan ysgubodd etholiad 1868 y Rhyddfrydwyr i rym gyda mwyafrif mawr (yng Nghymru), ni allai colofnydd 'Nyth y Dryw' gelu ei foddhad: 'Y mae y Torïaid yn awr yn cilio o'r golwg, ac fel cŵn ymladdgar yn llyfu eu clwyfau' (Rhagfyr 1868, 424). Ar ben hynny roedd rhinweddau'r llywodraeth newydd yn anghymharol: 'Gwelir fod Mr Gladstone bellach yn brif weinidog Prydain Fawr ... Galwyd ef, ac y mae wedi ffurfio gweinyddiaeth ragorol, y fwyaf talentog a rhyddfrydig ag sydd wedi bod ers llawer dydd, os bu un mor uchel erioed' (Ionawr 1869, 29). Roedd Matthews yn ddigon o realydd, fodd bynnag, i wybod na fyddai hyn yn creu nefoedd ar y ddaear.

Parhaodd yn yr un cywair trwy gydol yr 1870au gan ymddiddori mewn materion tramor yn ogystal â materion cartref. Yn wahanol i'r rhan fwyaf o'r Cymry, bu'n frwd o blaid taleithiau'r De yn ystod rhyfel cartref America – i Virginia, wedi'r cwbl, yr ymfudodd ei dad, ei chwaer a thri o'i frodyr yn 1822 – a dilynodd gydag awch helyntion cyfandir Ewrop, yr Eidal yn enwedig, gan ymffrostio yn llwyddiant Victor Emmanuel II i docio ar awdurdod y babaeth. Roedd hynny, ac iechyd tymhorol ac ysbrydol Pius IX, yn faterion gofid i'w gymdogion Catholig yng Nghaerdydd. 'Dacw Mrs McCarthy a Mrs O'Brian gyda'u gwŷr ynghyd â Tom Donaghue yn wylo ac yn cablu am yn ail!' (Ionawr 1872, 29) oedd dim ond un o'i sylwadau ysmala ar fywyd y gymuned fywiog honno roedd ganddo ddiddordeb cymdogol ynddi. Parhaodd i oleuo'i ddarllenwyr ynghylch gweithgareddau'r senedd, gan dalu sylw mawr i'r materion a oedd agosaf at galon Rhyddfrydiaeth a chenedligrwydd Cymreig:

> Bydd yn rhaid i ni gael Cymry i'n cynrychioli yn fwy cyffredinol o hyn allan. Y mae hen Gymru yn dechrau codi ei phen eto, ac mae'n mynnu gwrandawiad yn senedd Prydain Fawr ... Y mae Mr Henry Richard, Osborne Morgan, Watkin Williams, Evan Matthew Richard ac eraill, yn peri gwybod fod Cymru yn bod, a'i bod yn codi allan bob dydd. Y mae gennym yn awr Gymry yn brif farchnatwyr mewn glo a haearn, ac yn dweud 'Ni fynnwn wrandawiad'. (Rhagfyr 1872, 432)

Aelod Merthyr, wrth reswm, oedd ei ffefryn, a'i edmygedd ohono'n ddi-ball. 'Ie, y mae San Steffan wedi clywed Cymro yn dadlau dros ei wlad, ei chrefydd, ei hymneilltuaeth,' meddai, 'dros ei hawliau, ac heb fod a chywilydd ganddo ddyfod ag un o ddiarhebion ein hiaith, "Trech gwlad nag arglwydd", i glustiau meibion Hengist' (Chwefror 1874, 70). Ond roedd yn gas ganddo gynrychiolwyr yr hen ddosbarth tiriog:

> Y mae yn gwestiwn am Mr Talbot [sef C. R. M. Talbot, aelod Torïaidd Morgannwg a'r gŵr a noddodd y *Bachelor's Ball* bondigrybwyll ym Mhen-y-bont ar Ogwr wyth mlynedd ynghynt] ei fod yn cynrychioli Morgannwg mewn dim. Nid yw yn medru cydymdeimlo dim â'r genedl Gymreig, nid yw wedi deall yn brofiadol na chwaith wedi astudio ei theimladau cenedlaethol ... Saeson sydd wedi bod yn cynrychioli'r Cymry, ac yn mynd yn seneddwyr er mwyn eu hanrhydedd a'u dibenion eu hunain, ac nid gwasanaethu'r genedl a'r wlad. (ibid., 69)

Un ffordd y gallai'r Gymru Ymneilltuol newydd wneud gwahaniaeth i wleidyddiaeth byd oedd trwy ledu ei hargyhoeddiadau dyngarol. Roedd gan Henry Richard, 'Apostol Heddwch', lwyfan seneddol bellach i hyrwyddo polisïau blaengar:

> Nid oes dadl yn y byd nad ydyw y Gymdeithas Heddwch [y *Peace Society* y bu Richard yn ysgrifennydd arni er 1848] wedi hau hadau sydd yn bresennol yn dwyn ffrwythau toreithiog mewn cymdeithas, ac felly yn weledig yn llywodraeth Ynys Prydain. Gobeithio y bydd Cymru, o Gaergybi i Gaerdydd, ac o Dyddewi i Lanandras, yn codi ei llef o blaid cynigiad Mr Henry Richard am gyflafareddiad yn lle rhyfel. (Mawrth 1872, 100)

Gwedd gyhoeddus a gwleidyddol crefydd fu prif destun ei sylwadau. Rhoes ofod helaeth, ac annisgwyl efallai, i weithgareddau Cyngor y Fatican a gyfarfu o dan lywyddiaeth y Pab Pius IX gan ffurfioli, ymhlith pethau eraill, athrawiaeth ddadleuol anffaeledigrwydd y Pab, a dilynodd yn eiddgar bob datganiad gan y Cardinal Henry Manning, pennaeth Pabyddion Cymru a Lloegr. Derbyniwyd John Crichton-Stuart, trydydd Ardalydd Bute, yn aelod o Eglwys Rufain yn 1868, ac roedd hynny, a bygythiad Eingl-Gatholigiaeth i natur Brotestannaidd Eglwys Loegr, yn enwedig yn nhref Caerdydd, yn destun sylw parhaus: 'A ydyw yn wir bod 'ffeiriad Mair Forwyn a'r Rhath yn goleuo canhwyllau ar hyd y dydd, yn derbyn cyffesiadau yn swyddol, yn adrodd gweddïau dros y meirw a phethau felly?' (Ionawr 1874, 28). Griffith Arthur Jones oedd yr offeiriad dan sylw, cyn-ficer Llanegryn, Meirionnydd, a rhwng 1872 ac 1903 ficer Eglwys Fair, Caerdydd. Gwnaeth fwy na neb i gyflwyno 'defodaeth' i blwyfi Protestannaidd y dref (gw. J. W. Ward a H. A. Coe, *Father Jones of Cardiff: a Memoir*). Roedd Matthews yn byw yn Nhresimwn erbyn hyn, wedi gadael Treganna ers blwyddyn, ond roedd gweithgareddau'r dref boblog a'i thrigolion o ddiddordeb ysol iddo o hyd.

Er gwaethaf ei ymlyniad wrth y Fethodistiaeth Anghydffurfiol, a'i barch dwfn at natur Brotestannaidd Eglwys Loegr, eilbeth iddo oedd trefn eglwysig, a synhwyrodd erbyn y cyfnod hwn fod ansawdd duwioldeb yn dirywio er gwaethaf y ffaith fod yr holl gyrff crefyddol yn ffynnu'n fwy nag erioed o'r blaen. Yr hyn oedd yn mynd i'w golli oedd ysbryd crefydd, argyhoeddiad y galon a phrofiadaeth ddwys, sef yr union bethau a greodd Ymneilltuaeth, a'r mudiad Methodistaidd, yn y lle cyntaf:

> Yr oedd Ymneilltuaeth yn arwyddo bywyd duwiol. A phan y collir hyn nid yw Ymneilltuaeth ddim yn werth ymffrostio ynddi, oblegid nid yw'r byd yn mynd i ymholi pa un yw'r ffurf lywodraeth orau, eithr ym mha le y mae'r gras a'r rhinweddau mwyaf? A phan yr argyhoeddir pechadur, ac yntau o dan ei glwyfau yn dyfod i geisio cyfarwyddyd, y mae'n ymholi am y dynion sanctaidd a mwyaf duwiol fel y rhai cymhwysaf i'w gyfarwyddo i'r ffordd union. (Gorffennaf 1873, 289)

Bellach troes crefydd yn ddof, yn borthiannus ac yn barchus. Synhwyrodd fod ysbrydolrwydd cyntefig yr efengylwyr Americanaidd Dwight L. Moody ac Ira Sankey, a fu'n cynnal cenhadaeth estynedig ym Mhrydain rhwng Mehefin 1873 a'r hydref 1875, yn nes at ysbryd Siencyn Pen-hydd a Dafydd Jones Llan-gan na'r negeseuon bloesg a leferid gan liaws o bregethwyr soffistigedig, iau, a oedd bellach yn traethu ar hyd y wlad:

> Nid diffyg y pethau yma sydd ar hyn o bryd eto marwolaeth ysbrydol sydd yn teyrnasu. Fe allai fod Duw yn defnyddio Moody a Sankey yn genadwri at y weinidogaeth gyffredinol ymhob gwlad, ac yn lle eu cablu, mai'r peth gorau fyddai gwrando lleferydd Duw. (Mawrth 1875, 102)

Byddai hyn yn destun cyson i ymsonau difyrrus Dafydd William Dafydd (fel y gwelwn) trwy gydol y blynyddoedd yma.

Y llenor creadigol

Er gwaethaf ei ysfa newyddiadurol, pregethwr yn anad dim, a llenor creadigol, oedd Edward Matthews. Ceir enghreifftiau lu yn 'Nyth y Dryw' o'i weledigaeth ramantaidd, yr arabedd a'r hiwmor a berffeithiodd yn ei gofiannau a'i nofelau, a'i ddawn barod i ddarlunio hynodion doniolaf y natur ddynol. Trwy gydol y blynyddoedd hyn bu'n ddiwyd gyda chasgliad Trefeca, a throes ei brofiadau teithio yn ddeunydd crai parod ar gyfer ei golofn. Mae'r disgrifiad ohono'n cyrraedd, am y tro cyntaf, gapel Soar y Mynydd o gyfeiriad yr Epynt yn hudolus:

> Daethom oddi yno i agoriad capel Llanwrtyd, a'r saboth canlynol ymwelsom â Soar, o fewn terfynau Sir Aberteifi. Y mae Soar rhyw wyth milltir o Lanwrtyd, yn ôl cyfrif y mynyddau, pob milltir hyd welwch chwi, ac wedi cyrraedd y man hynny, hyd welwch chwi wedyn. Hyn a elwir gan yr hynafiaid yn 'filltir golwg'. Wedi codi i'r mynyddoedd, ni ddarfu i ni weled tŷ na bwthyn na dyn am awr a hanner. Teithiasom yn ddiwyd ar y ceffylau bach ... yng nghanol golygfeydd mawreddus a rhamantus y mynyddau a'r creigiau, mewn distawrwydd dwfn ofnadwy nes cyrraedd y Fannog, amaethdy cyfrifol mewn glyn dwfn wrtho'i hun. Yr oedd yno deulu dedwydd a charedig, a chawsom bob serchogrwydd ag oedd yn bosibl. Bore saboth yr oedd gennym dair milltir i'r capel, o dir tebyg i'r hwn a deithiasom dydd Sadwrn ond yn fwy ofnadwy a dychrynllyd mewn rhai mannau, ac heb ddyn yn preswylio o fewn hyd golwg yn aml. Beth bynnag, disgynasom yn araf ar hyd llechwedd mynydd, a dyna yn sydyn iawn gapel yn dyfod i'r golwg yng nghanol golygfeydd gwylltion, yn sefyll wrtho'i hun yng nghanol y mynyddau. Un tŷ sydd yn ganfyddadwy oddi wrth y capel, ac o ba le y mae'r bobl yn dyfod nis gwyddom ni, Duw a ŵyr. O flaen y capel y mae cae yn perthyn iddo, ac yr oedd hwnnw yn llawn o geffylau cyn i ni ddyfod yno, a'r capel yn llawn o ddynion hyd a ddaliai. Nid yw y cyfeillion hyn yn meddwl dim yn y byd am ddyfod o gwmpas tair, pedair a chwech milltir i'r cyfarfodydd ... Yr

oedd yn hyfryd gennym bregethu yn y lle hwn. Yr oeddem yn dychmygu ein hunain yn ôl yng nghanol 'Cymru fu', ac mewn llawn fwynhad o arferion cenedlaethol ein cyndeidiau ... Yr oedd rhai o deulu'r Fannog wedi cychwyn yn fore â bwyd i dŷ'r capel, ac yn wir yr oedd fel diwrnod medi gwenith ym Mro Morgannwg, hen wlad ein genedigaeth. Yr oedd pawb yn bwyta hyd ddigonedd, a digon o fwyd yn para o hyd. (Medi 1868, 328)

Mae'r un swyn hudol i'w weld wrth iddo daro ar draws achlysur cneifio yng Nghwm Irfon yn 1871:

Ar ein taith hon y clywsom am ddiwrnod cneifio yn y mynyddau ... Y mae holl drigolion y banciau yn crynhoi at ei gilydd, o gwmpas wyth neu ddeg milltir, i gneifio. Y mae fel uchel ŵyl amaethyddol, rhywbeth ag sydd yn eich taflu yn ôl i'r cynoesoedd, ac yn dangos i chwi megis mewn drych 'Gymru fu'. Dyna bedair mil ar ddeg o ddefaid i'w cneifio – dyna'r bugeiliaid ers diwrnodau yn casglu'r praidd, ar ferlynod ac ar draed, ffon fugeiliol hir gan bob un, a dau gi yn canlyn pob gŵr. O fryn i fryn yn cyrchu'r praidd, a chlywir sŵn bloeddiadau'r bugeiliaid o bell, brefiadau'r defaid, a chyfarthiadau'r cŵn, nes y bydd y bryniau yn diasbedain ac yn gweiddi y naill ar y llall ... Dacw hwynt yn yr olchfa, a gwledd fawr mewn cysylltiad â'r ymdrafodaeth. Dacw'r amaethwyr, eu meibion, a'u bugeiliaid gyda'r wawr ar fore'r cneifio ar ferlynod, a dau gi yn canlyn bob un, yn cychwyn o'u cartrefleoedd, ac yn cydgyfarfod yn ymyl amaethdy y cneifio. Y maent yn cyfrif cant a hanner heblaw gwragedd a phlant. Bydd pawb yn gwneud ei orau gyda'r cneifio, y bwyta, a'r yfed, a bod yn llawen. Bydd y beudai, yr ysguboriau, a phob lle arall yn ystafelloedd gwelyau y nosweithiau cneifio. A gellid meddwl nad oes dim diwedd ar y danteithion, na chyfranogi ohonynt:

> Gwyllt Walia, i mi mae'th gopaog fynyddau
> Yn swyn anorchfygol wrth waelod y glyn,
> Yr haul disglair chwery o gwmpas dy fryniau,
> A'r lloer hithau'n chwarae yn nyfroedd y llyn.

(Awst 1871, 279-80)

Beth bynnag am gyfaredd y darlun a champ y disgrifio, dyma ddangos gwendid cynyddol Matthews wrth iddo fynd yn hŷn. Roedd Cymru yn newid yn ddirfawr, ond yn hytrach nag ymateb i her ddeallusol ac athrawiaethol y dydd, roedd hi'n ddewisach ganddo ffoi i ramant 'Cymru fu'. 'Y mae byd o wyrddlesni, byd o goedydd a byd o flodau yn fwy cydnawsol â'n meddyliau ni na byd o gerrig, byd o olchdai a byd o siopau' (Mawrth 1866, 103), meddai wrth ymweld â Llundain, fel y byddai'n gwneud yn rheolaidd er mwyn pregethu yng Nghapel Jewin. Er bod ei ddisgrifiadau o'r brifddinas yr un mor fyw â'i ddarluniau o'r wlad, nid da ganddo'r lle: 'Mae Morgannwg yn ddigon tlawd a gofidus rhaid cyffesu, eto yn rhywfodd y mae yn fwy cydnawsol â'n meddyliau na holl wychter Llundain' (Rhagfyr 1870, 419). Er iddo greu rhyddiaith ddarluniadol ysblennydd, roedd argyfwng cynyddol y dydd yn hawlio amgenach ymateb na hyn.

Matthews oedd y llenor cyntaf i drin testun difrif-arwrol twf Methodistiaeth gydag ysgafnder yn hytrach na dwyster, a thrwy hynny ei dynoli ac ychwanegu at ei chyfoeth a'i gwerth. Digrif oedd ei ddarlun o George Heycock a William Watson, felly hefyd ei sylwadau am ei gyfaill iau William Thomas, 'Islwyn' y bardd. Roedd Islwyn yn nodedig nid yn unig am ei farddoniaeth a'i bregethu, ond am dorri cyhoeddiadau ac ymesgusodi am beidio â mynychu achlysuron er iddo addo. Fel y dywed Derec Llwyd Morgan, 'Yr oedd ar Islwyn ryw bip o hyd ac o hyd' ('Islwyn yr Ysmygwr Ysgrythurgar', 207). Roedd ganddo hefyd, fel y gwelwyd, ben anarferol o fawr. Oherwydd yr adroddiad yn rhifyn Awst 1865 o'r *Cylchgrawn*, troes 'helynt het Islwyn' (er nad enwir y bardd o gwbl) yn saga genedlaethol:

> Y mae y byd yn llawn anffodion. A glywsoch chwi am y tro rhyfedd ddigwyddodd i weinidog parchus ar ei daith i gwrdd pregethu Liverpool diwethaf? Yr oedd ar ei daith i'r cwrdd uchod, a thrwy lawer o brofedigaethau cyrhaeddodd yr Amwythig. Yn yr Amwythig, fel y gŵyr llawer, y mae y fath gydgyfarfyddiad o gerbydresi ... nes y mae hyd yn oed y doethion yn drysu, ac o ganlyniad yn syrthio i brofedigaethau mawrion ac anghysurus. Y maent yn colli y ffordd, yn colli eu gwragedd ac yn eu cael eu hunain ymhell o'r lle amcanedig ... Beth bynnag, awn at hanes y gweinidog parchus, a'r bardd penigamp ar ei daith i Lynlleifiad. Cyrhaeddwyd yr Amwythig, fel y dywedwyd, eithr yn y cyfnewidiad gadawyd ei het,

a'r cwd teithio, ar ôl, ac ymaith yr aethant i rywle adnabyddus. Tra y bu'r pregethwr yn 'edrych yma ac acw', diangodd y gerbydres. Ah! Beth a wneir nawr? Dyna brofedigaeth! Pa fodd yr eir drwyddi? Y mae pen go fawr gan ein cyfaill, ond aeth y brofedigaeth yn fwy na'r pen ... Ymddyrysodd ein cyfaill, collodd hunanfeddiant, a tharawyd ef yn effeithiol â'r drychfeddwl mai gwell fyddai iddo droi ei wyneb yn ôl.

Y pryd hyn aeth yn frwydr boeth; y mae fel pe buasai byddinoedd mawrion yn codi ac yn ymgyfarfod yn arfog ar faes y dychymyg. Dacw Lynlleifiad fel yn dyfod yn y pellter i'r golwg; dacw y cyfarfod pregethu yn ymrithio o flaen y meddwl, ie dacw y gymanfa *gorfforol* yn edrych allan am ei chynrychiolwyr, a pha fodd yr â honno yn y blaen os troant yn ôl? O'r tu arall, dacw fro Gwent, hen wlad ei enedigaeth, a'i dwylo ar led, a gwên serchus ar ei gwyneb yn cymell ei maban annwyl i'w breichiau ... Ah! Y mae gwên ar wyneb cartref yn gwella mil o drallodion. Gwelai y bardd nid yn unig y fro deg yn gwenu, ond hefyd wraig ei ieuenctid yn sefyll ar ddrws y tŷ, ac yn ei gwedd hawddgar fil o gymhellion i ddychwelyd. Yn awr, y mae nerth yn pallu, penderfyniad yn rhoi ffordd, ac yntau yn awr y brofedigaeth yn troi ei wyneb adref ... Ond beth am yr het a'r cwd lledr? ...

Y cwrdd *corfforol* a ddaeth, a chafwyd fod y cynrychiolwyr yn eisiau. Yr oedd ein cyfaill wedi troi yn ôl, fel Orpha gynt, i'w wlad ac at ei bobl. Yr oedd cryn sibrwd yno, ac yn y seiat fawr, fod yn debygol i'r het ddyfod i'r dref naill ai yn Birkenhead neu Lime Street, ond dangoswyd cryn oerfelgarwch tuag at yr het, yn gymaint na ddaeth y pen ynddi. Yr oedd disgwyl mawr am y pen yn y seiat fawr, a'r bobl yn sibrwd y buasai yn hawdd iddynt gael het yn Llynlleifiad pe buasai y pen wedi dyfod ... Ymddengys i'r het a'r cwd hefyd gymeryd eu taith tua Llundain, ac yn Paddington y clywyd eu helynt gyntaf. Y mae yn dda gennym ddweud, beth bynnag, i'r pen wneud pob ymchwiliad am yr het ac o'r diwedd cafwyd y colledig, a dychwelwyd hi i fro Gwent lle y mae yn awr eto yn goron ar ben y bardd. Os yw troeon rhagluniaeth yn ddyrys, ac weithiau yn hir ... y ffordd orau yw disgwyl yn ostyngedig wrthi, canys y mae yn dyfod â'i thro oddeutu yn anrhydeddus pan y delo. (Awst 1865, 259-60)

Er nad ynganwyd gair ar goedd, gwyddai pawb mai Islwyn oedd y cyhuddedig, a darlunnir ei bechodau'n llachar: ei

chwit-chwatrwydd, ei ofnusrwydd, a'i anallu diarhebol i wynebu cyfrifoldeb. Y doniolwch, fodd bynnag, sy'n aros yn y cof.

Yr un ysbryd ysmala sy'n dod i'r golwg yn y paragraffau comig 'Bedlam Cefncribwr' yn 1867. Dyma un o'r ychydig enghreifftiau pan fo'r Wenhwyseg i'w chlywed yn ei ysgrifau:

> A fu rhai ohonoch yn Bedlam rywbryd? Os na fuoch yr ydych wedi clywed lawer gwaith am y fath le. Lle y cedwir y gwallgofiaid ydyw, ac yr ymdrechir, tebygem, ddyfod â hwy i'w hiawn bwyll drachefn. Os ydych am gael drychfeddwl o'r lle ... gellwch gael hynny yn burion ond myned i'r *train* ym Mhen-y-bont ar nos Sadwrn a myned mor belled â'r Pîl. Y mae Bedlam yn y gerbydres rhwng y ddwy safle uchod. Mae y rhan amlaf o lawer yn dyfod i mewn â'u holl synhwyrau wedi eu drysu; nid ydynt yn gwybod dim ond berwant fel brecci yn ffwrnes Dafydd Jones. Rhywbeth rhyfedd iawn yw'r cwrw yma i effeithio ar ymennydd dynion. Y mae'n taflu y cwbl oll i ddryswch hollol, gyrff ac eneidiau. Pwy nos Sadwrn yma yr oedd yn benbleth wyllt, yn ddryswch hollol, yn ynfydrwydd i'r pen draw, yn fwstwr disylwedd, ac yn cilgwthio fel anifeiliaid corniog. Yr oedd rhai yn chwerthin llond ceg a phen, Ha, ha, ha, ha; eraill yn bygwth, ambell un yn canu, a llawer yn rhegi. Nid oes un fath o drefn ar ddim, tryblith ac anhrefn oedd y cwbl. Y naill yn gwthio'r llall, yn cwympo ar draws ei gilydd, a gwaeth ...
>
> Yr oedd brawd yn agos i ni yn rhyfedd o anesmwyth, buasai yn dda gennym pe buasai ymhellach oddi wrthym, ond yn gymaint â bod rhagluniaeth, neu rywbeth, wedi trefnu fel hynny, nid oedd dim gennym i'w wneud ond 'ceisio gwneud y gorau o'r gwaethaf', fel y dywedir. Bu yn canu amryw weithiau, y fath ganu ag ydoedd, ac yng nghanol hynny yn gwaeddi ... Nid oedd yn gallu agor ond cil un llygad, er ymdrechu hyd yr eithaf. Gwaeddai yn fynych, 'Blotau'r byd yw'r Pîl a Chefancripwr!' Mynydd yw Cefncribwr, lled uchel, hynod o ddiffrwyth a sâl, nid yw ar ran arwyneb ond mawndir corsiog, oerllyd a gwlybaidd ... Er hynny yr oedd yr adyn ffôl yn gwaeddi allan yn ddi-dor, 'Blotau'r byd yw'r Pîl a Chefancripwr!' Yr oedd yn berwi fel ffwrnes, a dyna yr ewyn a daflai i fyny o hyd, 'Blotau'r byd yw'r Pîl a Chefancripwr!' Y mae yn ddigon tebyg mai bachgen o Gefncribwr oedd efe, ac os oedd ef ei hun yn ddangoseg o flodau Cefncribwr, yr oedd yno flodau rhyfedd iawn. Y mae yn ymddangos fod rhyw greadigaethau newyddion yn ymgodi yn

nryswch yr ymennydd, a'i fod yn gweled rhosynnau cochion a gwynion, y tiwlip, ynghyd â holl flodau y gerddi tlysaf yn tyfu yn driphlith yng nghorsydd Cefncribwr. Pe bai gwŷr y Pîl, Mynydd Cynffig a Chefncribwr yn myned gartref yn fwy sobr, byddai yn anrhydedd iddynt hwythau ac i'w gwlad. Y mae'r Saeson sydd yn teithio trwy'n gwlad yn barnu cymeriad ein cenedl wrth y fath gymeriadau ag sy'n gwaeddi 'Blotau'r byd yw'r Pîl a Chefancripwr!', ond o drugaredd nid felly y mae hefyd. Y mae Bedlam yn y *train* yn waeth na Bedlam yn unman arall, oblegid fod y lle mor gyfyng ... Gollyngwyd Bedlam allan yn safle y Pîl, a chyn hir dyna *goncert* yn dechrau gan ryw ddwy ferch o ochr Casllwchwr – yr oeddent yn canu yn dda, a chawsom lonydd, yr hyn oedd drugaredd fawr iawn. (Ionawr 1867, 30-2)

O bryd i'w gilydd, yng nghanol y digrifwch, y disgrifio hudolus a'r hiraethu am a fu, trawodd Matthews nodyn sobreiddiol. Gwyddai, mewn oes Ddarwinaidd pan oedd addysg seciwlaraidd yn lledu ac amheuaeth yn cynyddu, fod seiliau deallusol Cristionogaeth, er gwaethaf rhwysg y pregethu poblogaidd, yn cael eu tanseilio. Adeiladwyd Protestaniaeth ar awdurdod, onid geirwiredd y Beibl, ac roedd arwyddion eisoes fod yr awdurdod hwnnw dan warchae. Rhaid, meddid, 'cadw yn y blaen gyda rhediad addysg, a bod cynnydd gwybodaeth yn egluro fod hanesion beiblaidd heb fod yn gywir, fod amryw o bethau mewn daeareg yn profi hynny, ac na ddylid pregethu ar y sabothau yn groes i'r hyn a ddysgir yn yr ysgolion yn yr wythnos. Yn ôl hyn, dyna'r Beibl yn llawn o chwedlau di-sail, ac nid awdurdod dwyfol' (Mawrth 1866, 104-5). Bodlonodd i ddiwinyddion mwy abl nag ef, yn bennaf ei ddau gyfaill iau, John Harris Jones a J. Cynddylan Jones, geisio cwrdd â'r anawsterau cyfoes (gw. D. Densil Morgan, 'Credo ac Athrawiaeth', 164-72), ond gwyddai hefyd nad oedd dim modd osgoi'r dasg o gysoni hen ffydd â'r wybodaeth newydd. Ei reddf oedd ceisio cysur yn y math o sicrwydd amhroblematig a feddai ef yn ddyn ifanc ddeugain mlynedd ynghynt. I'r genhedlaeth oedd yn codi, ni fyddai hyn yn bosibilrwydd real o fath yn y byd. Yr hwn a fynegodd orau y ddeuoliaeth boenus hon yn enaid Edward Matthews oedd Dafydd William Dafydd, y ffraethaf o'i greadigaethau. Ato ef, i orffen y stori, y mae'n rhaid i ni droi.

Dafydd William Dafydd

Er iddo ymddangos unwaith neu ddwy mewn rhifynnau blaenorol, ym mis Chwefror 1867 y cafodd darllenwyr *Y Cylchgrawn* eu cyflwyno i Dafydd William Dafydd o ddifrif. Deuwn i wybod yn ddiweddarach mai brodor o Fro Morgannwg ydyw, bod ganddo bedwar brawd, Siencyn, Dic, Siôn a Rol (un ohonynt yn byw i'r gogledd o Gaerdydd yn ardal Pen-tyrch), ac o leiaf ddwy ferch, un yn byw ym mlaenau Cwm Rhondda a'r llall yn nes adref, yng nghylch Sain Tathan. Amaeth yw ei fyd, mae'n hoff o fynychu ffeiriau ceffylau, ac mae blas y pridd ar ei dduwioldeb. Bu'n aelod o'r seiat ers hanner canrif ac Ebenezer Morris (a fu farw yn 1825) a Griffith Hughes y Groes-wen (a fu farw yn 1839) yw ei arwyr pregethwrol o hyd. Darn o'r hen Forgannwg yw, ac fel ei greawdwr, ei anffawd yw byw 'yn yr oes olau hon':

> Y mae Dafydd William Dafydd wedi bod mewn brwydr galed yr wythnos ddiwethaf eto yng nghylch llygredigaethau'r oes. Dechreuodd y peth wrth fod dyn ieuanc yn cynnig tocyn iddo, perthynol i *art union* a gynhelid er lleihau dyled capel. Un o bobl yr *hen* ffasiwn yw Dafydd William Dafydd. Nid ydym yn cymeradwyo ei ddull yn aml, er ei fod yn dweud llawer o wirioneddau ar brydiau. Byddai yn dda pe gallai gyflwyno gwirioneddau mewn gwell ffordd weithiau, ond rhaid ei gymeryd fel y mae bellach, ddigon tebyg, canys y mae yn rhy hen i chwarter neu ddau o ysgol effeithio arno braidd. Buom yn gorfod cyfryngu rhyngddo a'r dyn ieuanc y tro hwn, canys yr oedd wedi mynd yn hytrach yn *ymosodol*. Yr oedd y gŵr ieuanc yn ddigon diniwed yn cynnig y tocyn, ac heb feddwl fod un niwed mewn *art union* i dalu dyled capel, ond yr oedd Dafydd William Dafydd, wrth bob tebyg, wedi bod uwchben y cwestiwn o'r blaen yn ei fyfyrdodau, onide ni fuasai fyth mewn sefyllfa mor barod. Meddai wrth y dyn ieuanc, 'Art union at ddyled y capel! Y pagan! Pa fodd y daethost i feddwl am hynny? Yr wyt o'r diwedd yn mynd i ddodi'r capel ar gefn y cythraul yn gyflawn. Yr wyt ti a dy

frodyr wedi dodi'r pulpud yn chwaraefa o'r blaen, yn awr yr wyt am daclu'r holl gonsyrn ar gefn y gŵr drwg yn gorfforol. Ymaith â dy diced, onide!'

'Er mwyn dyn, Dafydd William Dafydd, byddwch yn Gristionogol, peidiwch â mynd i dymer ddrwg wrth geryddu yr hyn yr ydych chwi yn ei feddwl sy'n bechod. Os oes drwg yn y peth, nid wrth golli hunanfeddiant y gwellheir ef'.

'Os oes drwg yr ydych yn ei ddywedyd? Pa amheuaeth a all fod ar feddwl un dyn, wrth hanner synnwyr, yng nghylch *rafflo* i dalu dyled capelau? Dylai fod cywilydd ar un dyn i ddweud "os oes drwg"! Canys y mae yn ddigon amlwg ei fod yn erbyn cyfreithiau Duw, ac yn erbyn cyfraith y tir hefyd, ac os nad oes gwell ffordd i dalu dyled capelau na *rafflo*, gwell yw bod heb y capelau'.

'Yr ydych yn arfer y gair *rafflo*, nid ydym yn gwybod a ydych yn iawn ai peidio. Dylech fod yn araf a phwyllog, a bod yn sicr ai *rafflo* ydyw ai peidio'.

'Sicr, yr wyf yn ddigon sicr, cerddwch a chynhaliwch glwb hela i dalu am y capelau, nid ydyw yn un tipyn gwaeth ... Gwrandewch, yr ydym yn darllen ac ymdrechu i fynd i mewn i'r bywyd, a chipio teyrnas nefoedd, ond ym mha le yn y Beibl y darllenasoch erioed ynghylch *rafflo* am deyrnas nefoedd?'

'Dyna, dyna, Dafydd, gadewch i ni adael y mater'. Ni chlywsom erioed am y fath frawddeg o'r blaen â *rafflo* am deyrnas nefeodd. Y mae rhywbeth newydd o hyd y mae'n debyg, a dysg o fedydd i fedd, ys dywed yr hen bobl. Beth bynnag, ni awn rhagom at rywbeth arall ... Dichon y cawn hamdden i siarad â Dafydd William Dafydd rywdro eto. (Chwefror 1867, 71)

Ymhlith casbethau Dafydd William Dafydd roedd cybydd-dod, diogi pregethwyr mursennaidd, ffasiynau merched ifainc, priodasau gorwych, ysmygu y tu allan i'r capel, a thafarndai: 'Tai'r diafol yw tai tafarndai ... hwynt-hwy yw canolbwynt pob llygredigaeth, synagogau Satan, temlau y gŵr drwg a phyrth colledigaeth' (Tachwedd 1873, 403). Nid ei fod yn llwyr-ymwrthodwr. Ffasiwn yr oes newydd oedd y mudiad dirwest a pheth atgas iddo oedd cyfyngu ar ryddid Cristionogol credinwyr aeddfed i ymarfer cymedroldeb yn ôl eu cymhelliad eu hunain. Ond ffieiddiodd awch y tafarnwyr i wneud elw mawr ar draul pobl dlawd. Wrth daranu yn erbyn gorgysur y pregethwyr iau, meddai Matthews: 'Y mae llawer yn canmol eich ymadroddion chwi, ond yn cwyno weithiau yng nghylch eich gerwindeb'. 'Gerwindeb!', oedd yr ymateb. 'Pa fodd y gellwch drin draenog â menyg sidan? Rhaid cael pigfforch at greadur felly' (Mai 1871, 166-7).

Y ddau beth a ysigai enaid Dafydd oedd y chwyldro cymdeithasol a droes ardd ei ieuenctid yn anialdir diwydiannol, a'r dirywiad ysbrydol a oedd yn lledu'n feunyddiol gyda chrefydd gysurus yr oes. 'Y mae o fewn cylch fy nghof i gyfnewidiau mawrion anghyffredin,' meddai, 'a gwaetha'r lwc nid ydynt yn gwella dim' (Gorffennaf 1874, 247).

> Cyn dyfod yr holl weithfeydd yma, a phethau gwenwynig felly, awyr iach oedd yng Nghymru, bywyd iach, gwaith iach, tai iach wedi eu gwyngalchu nes cyn wynned â'r carlwm ... ie, yr hen gawl a digon o gennin a wynwyn ynddo, blawd ceirch, ac enwyn a'r llymru a'r llaeth, nid y tê a'r siwgwr a'r pethau melysion a sychion yma. Cododd fy nhad a mam bump o fechgyn ar fara gwenith pur ... bechgyn, deallwch, â nerth yn eu gewynnau, ie, cymaint o nerth a fuasai yn ddigonol i wneuthur i gewri grynu ger eu bron ... Yr wyf fi, pan yn llencyn bach, yn cofio Siencyn a Dic yn dal brithyllod yn agos i Felin Gruffydd mor dew â phorpys, ac yn pwyso pum pwys ar hugain. Yn awr mae'r hen weithfeydd a'u hafiechyd gyda hwynt yn distrywio'r cwbl; y mae'r hen Daf, oedd gynt fel yr amber, a'r pysgod yn ymbrancio ynddi, yn awr wedi troi yn wenwyn marwol ... (ibid., 247-8)

Er i Matthews wawdio'i henffasiynoldeb, gwyddai darllenwyr *Y Cylchgrawn* mai'r awdur ei hun oedd yn siarad, a hynny'n cyfleu problem genhadol ddwysaf Methodistiaeth Morgannwg ar y pryd:

> 'Ie, ie Dafydd, yr ydych chwi yn glynu wrth yr hen ddrychfeddyliau, yr ydych yn methu ymysgwyd oddi wrth hen deimladau "Cymru fu"; edryched y dyn ar bethau fel y maent yn yr oes hon ac nid mynd yn ôl i'r tywyllwch oedd yn y cynoesoedd'.
> 'Nid yw y Cymry presennol yn ffit i ddal cannwyll i'r hen Gymry fu! Nid pluf a baw a shamach a dyled yn canlyn oedd dull yr hen

Gymry o fyw, ond digon o lendid yn y tŷ, cig moch, pytatws, blawd ceirch a dillad gwlenyn, a thalu i bawb'. (Hydref 1874, 422)

Er ei fod yn un o'r 'hen Gymry', roedd ei blant, ysywaeth, yn ddigon esmwyth gyda'r newidiadau mawr, yn ddiwylliannol ac yn grefyddol. Wedi dychwelyd o fod gyda'i ferch am ysbaid ym mlaen Cwm Rhondda, sylwodd nid yn unig ar y prysurdeb diwydiannol a oedd wedi torri ar draws harddwch a thawelwch y blaendir, ond bod Cymry yn dylifo i'r lle gan ddod â'u diwylliant poblogaidd, gan gynnwys yr eisteddfod, gyda hwy:

'Lle mawr yw Blaen-y-cwm am ddynion gwreiddiol a thalentog, Dafydd. Dyna lle mae Hywel Ddu, a Ioan Mai, a Dewi Llefrith, ac Eos y Coedcae yn byw, y maent yn feirdd a cherddorion ac areithyddion yn dryfrith y ffordd acw. Ddarfu i chwi daro wrth rai o'r enwogion hynny, Dafydd?'

'Ni wn i wrth bwy y tarewais, eithr gwn yn burion i mi daro wrth ddigon o goegwyr, dynion yn tybio eu bod yn gwybod popeth ac ni wyddai neb arall ddim ond hwy eu hunain. Ni ddarfu i mi am ysbaid fy oes hirfaith gyfarfod â'r fath hunanoldeb drewllyd erioed ... Mae un heol go hir yno. Yr oedd yn byw yn honno Solomon, Iolo Arfon, Gwilym Meirion, Ioan Maldwyn, Eos Fflint, Daniel Ceredigion, Catwg Myrddin a Blodyn Penfro; yr oeddent yn gwybod popeth ond gofalu am eu busnes eu hunain. Yr oeddent yn segurwyr, yn fethdalwyr a llawer o bethau eraill, yn gofalu am ddim, na thalu ceiniog i neb byth'. (Mehefin 1871, 205)

Er i Matthews oleuo Dafydd i'r ffaith fod Dewi Llefrith ac Eos y Coedcae yn wŷr ifainc da, ac wedi codi safon y canu cynulleidfaol yng nghapel Blaen-y-cwm i lefel broffesiynol, ni fynnai'r hen sant wybod dim am eu rhinweddau. Canlyniad yr awydd newydd i gyfundrefnu'r canu oedd troi'r addoli yn gyngerdd a mygu ysbryd crefydd:

O, ie, bûm yno'r sabath diwethaf yn y cwrdd ... rhoddwyd *hymn* allan i ganu ... Dacw un yn edrych yn y llyfr am yr *hymn* ac yn gosod y llyfr yn agored o flaen y prif arweinydd, tra yr oedd y llall yn chwilio am y dôn yn y llyfr *notes* ac yn gosod hwnnw yn agored o flaen y prif gantor, a'r arweinydd ei hunan â rhyw offeryn yn ei daro yn erbyn y ford, a'i roddi wrth ei glust unwaith a dwywaith. Wedi

> dibennu darllen yr *hymn* dyma y llyfr *notes* eilwaith, a'r mesur, ac yn y diwedd yr Hen Ganfed. Y mae y tri wŷr hyn [sef Dewi a'r Eos ac un arall] yn sefyll yn awr yn syth fel ffyn, yr ên wedi ei chodi tua thair modfedd yn uwch na'r dull cyffredin, ac asgwrn y cefn fel yn plygu yn ôl ryw gymaint. Wedi aros am ennyd yn yr agwedd hon, a phawb yn disgwyl y beroriaeth i redeg allan fel ffrwd lifeiriol, dyma hwynt yn taro o'r diwedd. Ond och! tarawsant y dôn chwith, a dyna'r helbul rhyfeddaf a welsoch uwchben yr Hen Ganfed. Yr oedd bachgen y llyfr hymnau yn taro yr ochr ddehau, a'r llall yn brathu yr ochr aswy, a'r blaenor yn y canol yn ceisio dyfod allan o'r dryswch wrth floeddio yn uwch na'r lleill ... Y diwedd fu i hen ŵr bach Pendderwen, fu gynt yn dechrau'r canu, gydio yn y dôn heb lyfr, a dyna'r Hen Ganfed yn ei gogoniant, a'r hen Siân Brynbwyell, un o hen ferched y diwygiad, yn cael gafael arni, nes yr aeth un ar ôl y llall i mewn i'r teimlad, ac fe aeth yn ddiamau yn ganu yn yr Ysbryd. Yr oedd bechgyn y gamp wedi eistedd i lawr ers meityn, a gorfod trwy gywilydd gymryd y lle isaf. (ibid., 205-6)

Arwydd arall o'r amserau oedd cynnydd y diwylliant corawl a'r perygl i ddiwylliant a darddodd o'r capel fygu'r duwioldeb a greodd y capeli yn y lle cyntaf. Un o nodweddion mwyaf ffyniannus diwylliant Ymneilltuol Cymraeg Oes Victoria oedd yr eisteddfod, ond i'r gwerinwr hwn, arwydd o ddirywiad ydoedd:

> A ydych chwi yn gweld rheswm, na chelfyddyd, na gweddeidd-dra mewn bod cynulleidfaoedd yn dibennu oedfaon nos sabath, fe allai gyda brys hefyd, i'r diben i gôr Horeb, Bethel neu Rehoboth redeg ar ei gilydd i ddarpar a disgyblu eu hunain erbyn yr eisteddfod? Ai fel yna mae dydd Duw i gael ei ddefnyddio? ... Yr wyf fi yn cofio'r plwyfydd yn dyfod ynghyd ar ddydd Duw i ymarfer ac ymgymhwyso erbyn y *match* bando ar draeth Cynffig a lleoedd eraill. Pa faint o wahaniaeth sydd rhwng hynny a *thrainio* at ganu yn yr eisteddfod ar ddydd Duw, nis gwn i. (Chwefror 1872, 68)

Er bod Dafydd yn graff a sylwgar ynghylch pethau'r byd, pethau'r cysegr oedd agosaf at ei galon, a'r newidiadau ym maes crefydd a wasgai arno drymaf. Ac yn ddiamau, erbyn yr 1870au, arswydai ynghylch ffurfioldeb cynyddol y pulpud. 'Peth araf iawn yw gwella'r byd, Dafydd bach,' meddai Matthews:

EDWARD MATTHEWS, EWENNI

> Ie, yr wyf yn deall, ond fy marn i yw, fod y byd yn mynd yn waeth yn lle yn well, ac nid wyf yn gweld nemor o obaith am ei wella tra fyddwch chwi yn darllen y tipyn pregethau sydd gennych fel *parrots*, yn lle bod eich gweinidogaeth fel tân fflamllyd yn eich calonnau, ac yn torri allan gan ddifa'r gwair, y gwellt a'r sofl sydd o'ch amgylch yn magu pob budreddi. Cofiwch hyn, fod oes darllen pregethau yn oes ag sydd yn arwain i ffurfioldeb ac yn creu marwolaeth ysbrydol o'ch cwmpas. (Medi 1867, 328)

Roedd y pregethwyr yn rhy lyfn, yn cyfaddawdu gormod, yn rhy chwannog i blesio'u gwrandawyr yn hytrach na bygwth barn: 'Oes y *sbarbles* yw'r oes hon, mewn corff ac enaid hefyd ... Yr hen Evans New Inn, ac Eben Morris, a Dafydd Rees Llanfynydd, a'r hen Charles o Gaerfyrddin, a lliaws eraill o'r hen fechgyn annwyl, bob un ohonynt yn gymaint â deg o'r *sbarbles* presennol' (Ionawr 1871, 32). Heb amheuaeth, roedd Matthews yn cytuno o lwyrfryd calon â'i greadigaeth, ond ni wyddai ef, na neb arall a brofodd yr ymchwydd rhyfeddol a greodd y Gymru Ymneilltuol, sut orau i ddiogelu'r enillion ysbrydol tra'i fod ar yr un pryd yn ymateb yn ystyriol i heriau dilys y dydd: 'Ie Dafydd, rhaid i chwi ystyried fod llawer o wahaniaeth rhwng y dyddiau hyn a'r dyddiau gynt, a bod rhaid mynd ymlaen gyda'r oes. "Gyda'r oes, y dyn, i ble? A ydych am fynd gyda'r oes i uffern?"' (Chwefror 1871, 68).

Os oedd y pregethwyr yn ofni herio'u cynulleidfaoedd fel y dylent, dadorchuddio cyflwr eu gwrandawyr a galw pechod yn bechod, mwy difaol o lawer oedd yr athrawiaethau hynny oedd yn rhagdybio daioni cynhenid dyn ac nid ei fai. Adroddodd Dafydd am un bregeth (Saesneg) a glywodd yn ddiweddar:

> Wel dyna bregeth, pa faint bynnag o gywreinrwydd oedd ynddi nis gwn, ond un peth a wn i, nid oedd dim digon o efengyl ynddi i achub un pechadur. Yr oedd digon o le i bawb fyw fel y mynnont, a gobaith am y nefoedd yr un fath. Yr oeddwn yn deall nad oedd [y gennad] yn credu mewn dinistr a llygredigaeth hollol dynolryw drwy'r cwymp. Nid oedd yma bwys mewn pechod, na rhyw angenrheidrwydd am faddeuant, ond yn unig rhywbeth a allesid wneuthur rhyngom a Duw heb gyfryngdod yr Arglwydd Iesu Grist.

Yr wyf yn meddwl i bawb fynd adref mwn niwl a thywyllwch, ymhellach nag erioed oddi wrth ddeall yr ysgrythurau. (Chwefror 1874, 71)

Nid oes unrhyw dystiolaeth i bulpud y Methodistiaid Calfinaidd ym Morgannwg (nac yn unman arall) gael ei nodweddu gan y math hwnnw o gyfeiliorni mor gynnar â hyn. Mewn anerchiad arwyddocaol a draddododd yng Nghapel Prince's Road, Lerpwl, yn 1870, taflodd Thomas Charles Edwards olwg hynod dreiddgar ar gyflwr y pulpud ymhlith ei gyd-Fethodistiaid: 'Ni chlywais i neb o'n gweinidogion yn pregethu iawn cytbwys, nac yn ymatal rhag cyhoeddi y newyddion da am waredwr i bawb yn ddiwahân' (dyfynnwyd yn D. Densil Morgan, 'Credo ac Athrawiaeth', t. 154). Ond gwyddai Edwards (a ddeuai'n brifathro cyntaf Coleg Aberystwyth ymhen dwy flynedd) fod daeargryn syniadol ar fin digwydd ac y byddai'r sioc yn taro Cymru, a'r Cymry Cymraeg, cyn nemor o amser. Dyma Matthews, trwy enau Dafydd William Dafydd, yn hysbysu darllenwyr 'Nyth y Dryw' o'r hyn a oedd eisoes ar waith.

Athrylith Methodistiaeth oedd mai crefydd y galon ydoedd a bod profiad personol wrth ei gwraidd. Yr hyn a roes arbenigrwydd i George Watson, Rees Hopkin o'r Creunant, Betsan Taibach, George Heycock a'u tebyg oedd iddynt gael eu dychryn gan y farn, eu hargyhoeddi o'u pechod, iddynt fynd trwy fwlch yr argyhoeddiad a *phrofi* o wefr y bywyd newydd. Athrylith Matthews oedd dal cyfoeth personoliaeth y cymeriadau amrywiol hyn a'u troi'n greadigaethau llenyddol byw. Gogoniant Iefan Tŷ-clai, Siencyn Pen-hydd a holl bregethwyr y genhedlaeth gynt oedd iddynt arswydo pechaduriaid a chysuro saint heb iot o ddiwylliant na dysg, a magu eu tröedigion yn y seiat. Nod amgen seiat oedd profiad. Bu'n rhaid i Dafydd William Dafydd gyfaddef erbyn 1877 mai hen bobl oedd yn mynychu seiat, a bod profiadau wedi mynd yn hynod brin: 'Ni welais erioed y fath ysbryd siarad mewn *society private* oddi ar yr wyf fi yn aelod crefyddol, ac y mae hynny dros hanner can mlynedd bellach' (Tachwedd 1877, 392).

Yn ein *society* fach ni acw, dyn a helpo, os bydd rhywun yn gallu dweud pum munud, bydd pum munud o ddistawrwydd nes y clywir un yn peswch, fel mewn ymdrech i ddweud rhywbeth, ac erbyn i hwnnw ddechrau yr oedd ar ben yn union, a wedi hynny ddistawrwydd eilwaith. Er cymell a gofyn a oes dim ar eich meddwl chwi, a chwithau yna, neu y cyfeillion yn y man draw, er hyn oll nid oes neb yn torri ar y distawrwydd, oddi eithr Siôn y gof yn rhoi ambell besychiad ymhell y tu hwnt i'r cyffredin. Yr wyf wedi teimlo lawer gwaith y buaswn yn rhoi swllt yn ewyllysgar am dorri'r distawrwydd, gan mor drwm yr oedd yn pwyso ar fy mynwes. (ibid., 393)

Yn 1827, pan dorrodd gwawr ar enaid y llanc Dafydd William Dafydd, roedd crefydd ym Mro Morgannwg yn eirias a'r profiadau mynych yn pefrio. Hanner canrif yn ddiweddarach, er gwaethaf pob cynnydd mewn diwylliant a dysg, troes y seiat yn ddibrofiadau. Roedd hyn yn ddrych o'r argyfwng y mynnodd Edward Matthews ei ddarlunio yn 'Nyth y Dryw'.

VI

CRYNHOI

Cafwyd yr ymgais gyntaf i dafoli bywyd a gwaith Edward Matthews yn ystod ei oes ei hun. Ei edmygydd pennaf o blith pregethwyr y to iau oedd J. Cynddylan Jones. Lluniodd ef ysgrif ar Matthews yn *Y Cylchgrawn* yn 1878 pan oedd y gwrthrych yn 65 oed a'r awdur yn 37. Gweinidog capel Saesneg y Methodistiaid Calfinaidd yn Frederick Street, Caerdydd, oedd Cynddylan ar y pryd, ac roedd yn gyfarwydd â Matthews oddi ar ei ddyddiau yn fyfyriwr yn Nhrefeca ('Y Parch. Edward Matthews', *Y Cylchgrawn*, 17 (1878), 257-64). Gan Gynddylan hefyd y cafwyd y gwerthfawrogiad llawnaf adeg marw Matthews yn 1892. Cynhwyswyd ei araith angladdol, yn seiliedig ar Deut. 34:8-12, '... ni chododd proffwyd eto yn Israel megis Moses ...', wedi'i throsi o'r Saesneg, yng nghofiant D. G. Jones, Tonna, Castell-nedd, *Cofiant y Parchedig Edward Matthews o Ewenni* (Dinbych: Thomas Gee, 1893). Roedd ôl brys amlwg ar y gyfrol hon, ond bu'n werthfawr am ei bod yn cynnwys amrywiaeth o ddyfyniadau o'i weithiau creadigol, yn rhyddiaith ac yn farddoniaeth, yn ogystal â rhai enghreifftiau o'i bregethau. Cynhwysodd hefyd ysgrif J. Wyndham Lewis, 'Hanes a Nodweddion y Parchedig Edward Matthews' (tt. 211-36). Cyfraniad Matthews i'r pulpud oedd pennaf diddordeb yr awduron cynnar hyn, ac ni chaed fawr o ddadansoddiad o'i gyfraniad i hanes llên.

Erbyn degawdau cyntaf yr ugeinfed ganrif roedd y cof am Matthews eto'n fyw, ond roedd yr ymdeimlad ar gynnydd fod y sawl a oedd yn ei adnabod yn heneiddio a bod angen gwarchod ei etifeddiaeth ar gyfer y to nesaf. Roedd y to hwnnw, ysywaeth, wedi dieithrio eisoes oddi wrth y byd y perthynai Matthews iddo, ac roedd ymdeimlad hefyd fod sir Forgannwg, a'r Fro, eisoes mewn perygl o gael ei cholli i'r iaith a'r diwylliant Cymraeg. Roedd ysgrifau Daniel Davies, Ton, 'Yma a thraw ym Morgannwg', *Cymru,* 16 (1899), 21-9, 125-32, yn dangos bod anwybodaeth eisoes ymhlith pobl Sain Tathan a Phen-marc ynghylch cyfraniad y llenor a'r pregethwr mwyaf a fagwyd yno. Ymgais oedd yr ysgrifau hyn i ddiogelu'r cof am Matthews cyn ei bod hi'n rhy hwyr. Sawr y cyfnod a fu oedd ar ymdriniaeth Lodwig Lewis hefyd, a gyhoeddwyd ym mlwyddyn y diwygiad, 1904:

> Gwir iddo ysgrifennu llawer mewn rhyddiaith ac mewn barddoniaeth, a melys odiaeth yw eu darllen. Cydnabyddir, er hynny, ei fod ef ei hun yn fwy na dim a ysgrifennodd. Er cymaint o'i hunan roddodd yn *Siencyn Pen-hydd*, yr oedd mwy ar ôl. Ond am ei bregeth yr oedd Matthews i gyd yn honno ... Mor llawn oedd pobl Morgannwg o Matthews, oblegid rhoddi ohono ei hunan mor llwyr iddynt ... Ei berson yn ei bregeth oedd yn ei wneud yn bregethwr mor wreiddiol. Ni fu o'i flaen, ac ni ddaw ar ei ôl, neb yn debyg iddo, 'heb dad ac heb achau'. ('Pregethwyr yr oes o'r blaen: Y Parch. Edward Matthews', *Yr Ymwelydd Misol*, 2 (1904), 90-2 [91])

Brodor o'r Gors-las, sir Gaerfyrddin, oedd Lewis, a bugail ar y pryd ar eglwys y Methodistiaid Calfinaidd yn Liskard Road, Seacombe, Penrhyn Cilgwri. Er gwaethaf ei gyfraniad i fywyd crefyddol Cymry Lerpwl yn ei ddydd, fel tad i Saunders Lewis y byddai'n cael ei adnabod yn bennaf maes o law.

Gan W. Llywel Morgan yn 1911 y cafwyd crynhoad 250 tudalen o weithiau Matthews, yn rhyddiaith ac yn farddoniaeth. Gwendid pennaf *Gweithiau y Diweddar Barch. Edward Matthews, Ewenni* (Dolgellau: E. W. Evans, 1911) oedd y ffaith fod y cwbl wedi'i daflu ynghyd heb reswm na threfn na'r un ymgais at olygu cyfrifol na chyd-destunoli call. Mae'r copïo yn wallus, ac ni cheir awgrym ym mha gyfrolau, ysgrifau, areithiau na phregethau y caed y gwreiddiol. 'Nyth y Dryw' yw ffynhonnell swmp y gwaith, ond nid esbonnir beth oedd y golofn honno, na beth oedd hyd a lled gwaith Edward Matthews fel awdur a llenor. Amheuthun, felly, yw troi at gyfres o ysgrifau cofiannol gan sylwebyddion cyfrifol fel William Evans, Doc Penfro ('Edward Matthews', *Y Traethodydd*, 69 (1914), 151-60); Daniel Davies, Ton ('Y Parch. Edward Matthews', *Y Drysorfa*, 85 (1915), 345-53, 397-400, 450-4, *Y Drysorfa*, 86 (1916), 67-75); Evan Williams, Merthyr Vale ('Adgofion am y diweddar Barch. Edward Matthews, Ewenni', *Y Drysorfa*, 87 (1917), 266-7); a J. Morgan Jones, Caerdydd ('Rhai o hen weinidogion Morgannwg: y Parch. Edward Matthews', *Y Drysorfa*, 89 (1919), 86-90, 128-32), sydd, yn ogystal â diogelu'r cof am Matthews, yn cyfleu peth o rin ei bersonoliaeth a mesur ei gyfraniad.

Yn 1922 y cyhoeddwyd y gwaith mwyaf sylweddol ar Matthews, sef cyfrol J. J. Morgan, *Cofiant Edward Matthews Ewenni* (Yr Wyddgrug: Yr Awdur, 1922), ac ni chafwyd ei hafal gan neb na chynt na chwedyn. 'Fe gymer y llyfr yma'i le yn rhwydd ym mysg rhyw naw neu ddeg os nad llai na hynny o'r cofiannau Cymraeg gorau,' meddai Puleston Jones; 'Cofiant clasurol ydyw, y bydd gwiw, ac y bydd rhaid yn wir, i bawb a ysgrifenno ar grefydd Cymru yn y ganrif ddiwethaf ymgynghori ag ef' (J. Puleston Jones, 'Cofiant Edward Matthews', yn R. W. Jones (gol.), *Ysgrifau John Puleston Jones* (Y Bala: Robert Evans, 1926), 115-38 [115]). Mab i Dafydd Morgan y diwygiwr o Ysbyty Ystwyth oedd yr awdur. Dechreuodd ei weinidogaeth ym Mro Morgannwg, priododd berthynas i ail wraig Matthews, a chasglodd ynghyd bopeth a allai am ei wrthrych. Mae'r gyfrol 500 tudalen yn gyforiog o ffeithiau a thystiolaeth, er bod yr elfen storïol yn drech na'r elfen ddadansoddol ynddi. Yn ogystal â bod yn ffynhonnell ddihysbydd o wybodaeth, sbardunodd un o'r praffaf o sylwebyddion y cyfnod, sef Puleston Jones, i lunio adolygiad meistrolgar sy'n gyfraniad ynddo'i hun at ein dealltwriaeth o'r pregethwr: '[Roedd] Matthews yn un y cyfarfyddai ynddo'r fath amrywiaeth o deithi, ac yn un a apeliai mor wahanol at wahanol rai' (t. 116); 'Yr oedd yn ddyn *eccentric* heblaw bod yn ddyn mawr' (t. 121); 'Dyn duwiol a thipyn o'r dyn anianol ynddo oedd Matthews, gŵr o ragfarnau cryfion, o blaid ac yn erbyn rhywrai' (t. 124); 'Nid oedd ball ar ei hynawsedd at y gwan; ond am rai digon cryfion i fesur cleddyfau ag ef, cymerai yn ganiataol eu bod cyn gryfed ag yntau' (ibid.) – dyna ddim ond rhai o'r brawddegau sy'n mynd â ni at graidd cyfaredd, onid dirgelwch ei bersonoliaeth. Yna, prif gyfraniad casgliad D. M. Phillips, Tylorstown (gol.), *Pregethau y Diweddar Barch. Edward Matthews (Ewenni) gydag Amlinelliad Bywgraffyddol* (Caerdydd: William Lewis, 1927), oedd rhoddi ar glawr ddetholiad o gynnyrch pulpudol Matthews o bob adeg o'i yrfa, yn ogystal â chofnodi, mewn rhagymadrodd helaeth, rai ffeithiau a chwedlau na lwyddodd diwydrwydd J. J. Morgan hyd yn oed i'w dal. Ond fel yr holl weithiau uchod, cyfraniad at hanes crefydd ac ysbrydolrwydd yw'r gyfrol ddefnyddiol hon yn hytrach nag at hanes a beirniadaeth llên.

Methodistiaid oedd pob un o'r awduron uchod. Hynodrwydd gwaith D. Ambrose Jones, *Llenyddiaeth a Llenorion Cymraeg y Bedwaredd Ganrif ar Bymtheg* (Lerpwl: Hugh Evans, 1922), yw nid yn unig goethder ei chwaeth a threiddgarwch ei feirniadaeth, ond iddo gael ei lunio gan Eglwyswr eangfrydig a hynny gwta ddwy flynedd wedi gweithredu'r Ddeddf Ddatgysylltu a greodd yr Eglwys yng Nghymru. Mae'n trafod gwaith Matthews nid yn ôl unrhyw ganonau eglwysyddol, ond fel cyfraniad at gyfoeth ein llên:

> Yr oedd yn fardd a llenor da ... Nid oedd wedi cael manteision addysg golegol, ond yr oedd rhyw athrylith yn y dyn. Glynai wrth briod-ddulliau iaith ei fro, ac ysgrifennodd a siaradodd Gymraeg clir heb flew ar ei dafod. (tt. 120-1)

Brodor o sir Aberteifi oedd y beirniad, un o selogion Cymdeithas Dafydd ap Gwilym pan oedd yn Rhydychen – graddiodd o Goleg Corpus Christi – a threuliodd flynyddoedd yn ficer Cydweli ac yn ganon Tyddewi. Yn ŵr hynaws a gwâr, roedd yn enghraifft o'r 'hen bersoniaid llengar' ar eu gorau. Ceir enghreifftiau eraill o ehangder ei ddysg a rhagoriaeth ei ysbryd yn ei gyfrol ysblennydd *Nodion Llenyddol* (Caerfyrddin: Spurrell a'i Fab, 1920).

LLÊN Y LLENOR

Yr un, yn anad neb, a argyhoeddodd y cylchoedd darllengar Cymraeg mai llenor rhagor na phregethwr oedd Edward Matthews oedd Saunders Lewis, mab y Lodwig Lewis hwnnw a fynnodd mai pregethwr yn fwy na dim oedd y gŵr mawr o'r Fro. Methodist oedd Saunders yn ôl ei dras, ond erbyn cyhoeddi ei ysgrif arloesol 'Y Cofiant Cymraeg' (1935) roedd ef eisoes wedi ymuno ag Eglwys Rufain. Os oedd Matthews wedi helpu i greu'r Gymru Ymneilltuol ffyniannus a bras gan ddyheu ar yr un pryd am y Fethodistiaeth gyntefig, amrwd, fyw, roedd Lewis wedi ymwrthod â'r etifeddiaeth Fictoraidd a'i hestheteg Brotestannaidd mewn ymgais i greu Cymru fodern a oedd mewn cytgord â chyfanrwydd catholig canrifoedd cred. Hynodrwydd ei ysgrif ar y cofiant oedd iddo ddadansoddi am y tro cyntaf y corff sylweddol hwnnw o waith, nid fel llên ddidactig ond yn ôl artistri a ffurf: 'Un yn ymylu ar fod yn llenor mawr oedd Edward Matthews, Ewenni. Diffyg ymddisgyblu ac anghynildeb a'i anghymedroldeb ymadrodd sy'n troi ei holl weithiau yn siom' ('Y Cofiant Cymraeg', t. 353). Er iddo amodi ei feirniadaeth trwy ganmol *Hanes Bywyd Siencyn Pen-hydd, George Heycock a'i Amserau* a *Bywgraffiad y Parchedig Thomas Richard, Abergwaun:*

> Ar ei orau y mae Edward Matthews yn feistr ar eirfa gyfoethog, ar briod-ddull flasus dafodieithol, ac ar frawddegau bywiog a grymus. Ni ellir ei ddiystyru; dan ei ddwylo ef mae'r cofiant yn ymestyn yn nofel. Dywed stori a dengys olygfa ddigrif gyda hwyl a doethineb diguro (ibid., t. 354),

rhoes pendantrwydd ei ddweud yr argraff ei fod wedi llefaru'r gair terfynol ar gyfraniad y llenor difyr a galluog hwn. Nid oedd amheuaeth fod y beirniad yn dweud y gwir; *roedd* gwaith Matthews yn anghynnil ac yn aml yn ddi-sglein, ond trwy'r datganiad dogmatig os cofiadwy uchod, darfu, i bob pwrpas, y sôn amdano. Roedd hi fel petai sylwebyddion eraill yn ofni mynd ati eu hunain i weld ai gwir oedd y dadansoddiad pendant hwn.

Erbyn canol yr ugeinfed ganrif cywreinbeth oedd Matthews, ac ar y gorau yn droednodyn i hanes y ganrif gynt. Rhydd Thomas

Parry linell iddo yn *Hanes Llenyddiaeth Gymraeg hyd 1900* (Caerdydd: Gwasg Prifysgol Cymru, 1944), a chlod am ei ddawn ddisgrifio (t. 255). Yn 1953 aeth Gomer M. Roberts, hanesydd y Methodistiaid a oedd y pryd hwnnw yn weinidog ym Mlaenau Morgannwg, ati i ategu rhai o'r ffeithiau a gasglwyd gan J. J. Morgan ac eraill ('Siencyn Pen-hydd', *Y Traethodydd*, 108 (1953), 35-40). Yn yr un flwyddyn cyhoeddodd Gwasg Prifysgol Cymru ddetholiad byr o'i weithiau rhyddiaith o dan y teitl *Morgannwg Matthews Ewenni*. Fel cyfraniad at hanes cymdeithasol y bwriadwyd y gyfrol honno ac yn enghraifft o ddifyrrwch cyfnod coll. Cyn bod sôn am ysgolion Cymraeg ym Mro Morgannwg nac am 'Dynged yr Iaith', credid bod y Gymraeg yno yn ddiatgyfodiad farw, a bod gweddill y sir yn prysur ddilyn yr un ffordd. Fel *curio*, braidd, y bwriadwyd y casgliad hwn:

> O weld y rhain yn eu cynefin, ceir cipdrem ar amryfal agweddau'r gymdeithas – ei chwaraeon a'i chrefftau, ei chrefydd, ei hofergoelion a'i harferion – cyn i ddiwydiant ei thrawsnewid. Mae'r cyfan yn fyw, yn ddifyr ac yn hynod ddiddorol i'n hoes ni heddiw. (Henry Lewis (gol.), *Morgannwg Matthews Ewenni* (Caerdydd: Gwasg Prifysgol Cymru, 1953), blaenddalen)

Eto, fel yn y sefydliad newydd yn Sain Ffagan yn y Fro, crair mewn amgueddfa oedd y casgliad hwn. Roedd hi'n arwyddocaol hefyd fod y golygydd wedi ysgymuno'r cyfeiriadau ysbrydol braidd i gyd. Ddegad a mwy yn ddiweddarach, mewn astudiaeth fer ar y cofiant a ddarlledwyd yn 1966, nid oedd Emyr Gwynne Jones yn rhy siŵr beth i'w wneud â gwaith Matthews: 'Ymhlith y mwyaf anghyffredin o gofiannau'r ganrif' oedd *Hanes Siencyn Pen-hydd*, meddai; 'Teip newydd hollol ... heb yr ymgais leiaf ynddo i ddefnyddio bywyd y gwrthrych fel patrwm o fuchedd i'w efelychu' (Emyr Gwynne Jones, 'Cofiannau', yn Dyfnallt Morgan (gol.), *Gwŷr Llên y Bedwaredd Ganrif ar Bymtheg* (Llandybïe: Llyfrau'r Dryw, 1968), tt. 175-86 [182, 183]). Am unrhyw arwyddocâd amgenach a oedd i'r gwaith a'i grëwr, roedd yn fud.

Y beirniad a ddangosodd y ddealltwriaeth braffaf o gynnyrch a chyfraniad Edward Matthews erbyn yr 1970au oedd Aneirin

Talfan Davies, a gynhaliodd ymgyrch i gael llengarwyr i'w gymryd o ddifrif. Rhydd bennod gyfan yn *Crwydro Bro Morgannwg*, Cyfrol 1 (Llandybïe: Christopher Davies, 1972) i drafod pentref Ewenni, ac er iddo grybwyll hanes y priordy hynafol a'r crochenwaith enwog, Matthews yw pwnc yr ymdriniaeth bron i gyd. Dangosodd anwyldeb rhyfedd at ei wrthrych a meistrolaeth lwyr ar ei weithiau, ac nid y lleiaf o'i gymwynasau yw dyfynnu, yn nhafodiaith bêr y Wenhwyseg, y bregeth odidog ar y ddafad golledig (tt. 41-57; cf. Llywel Morgan, *Gweithiau*, tt. 72-82; Phillips, *Pregethau*, tt. 171-86), un o gampweithiau diamheuol pulpud Cymraeg ail hanner y bedwaredd ganrif ar bymtheg. Ceir cyfeiriadau mynych at Matthews a'i hanes yn *Crwydro Bro Morgannwg*, Cyfrol 2 (Llandybïe: Christopher Davies, 1976), ac mae'n gofyn, ar ddechrau cyfres o erthyglau yn *Barn*, pam na chafodd yr un sylw ag a gafodd Daniel Owen gan John Gwilym Jones ac eraill: 'Mae'n syndod na fuasai rhywun o blith ein beirniaid llenyddol ieuainc wedi mynd ati i'w astudio'n fanwl' ('Matthews Ewenni', *Barn*, 198-9 (1979), 71-3, *Barn*, 200 (1979), 122-5, y cyfeiriad ar d. 71). Fel ei arwr Saunders Lewis, Methodist o ran tras oedd Aneirin Talfan, ac er troi ohono at sagrafennaeth yr Eglwys Anglicanaidd yn gynnar yn ei yrfa, credodd (fel Saunders yntau) fod i'r Fethodistiaeth glasurol le creiddiol yn nrama hanes y ffydd.

Bu rhaid aros ddegad arall cyn i Edward Matthews gael y sylw beirniadol y mynnodd Aneirin Talfan ei fod yn deilwng ohono. Cyfeiriwyd ato, wrth fynd heibio, gan un o feirniaid y to hŷn, sef Glyn M. Ashton, wrth groniclo llên Morgannwg y ganrif flaenorol:

> *Nobody but Edward Matthews could have written Siencyn Pen-hydd. The same is true of his George Heycock. Although the subjects of both 'biographies' were historical characters, the author has imbued them with a universality and humour that should immortalize them. True, they are not real biographies, but the author's affection for them is obvious in his leisurely writing – an affection that is contagious.* (Glyn M. Ashton, 'Literature in Welsh, c. 1770-1900', yn Prys Morgan (gol.), *Glamorgan County History*,

EDWARD MATTHEWS, EWENNI

cyfrol 6, *Glamorgan Society, 1780-1910* (Cardiff: Glamorgan History Trust, 1988), tt. 333-52 [349])

Pwysicach ganwaith yw ymdriniaeth ddisglair Ioan Williams â Daniel Owen a chynhanes y nofel realaidd Gymraeg yn *Capel a Chomin: Astudiaeth o ffugchwedlau pedwar llenor Fictoraidd* (Caerdydd: Gwasg Prifysgol Cymru, 1989): 'Teimlaf,' meddai, 'fod gwaith Matthews yn hynod ddiddorol ac yn deilwng o astudiaeth fanwl' (t. xi). Williams oedd y cyntaf o blith beirniaid llenyddol proffesiynol ei genhedlaeth i weld mai athrylith, rhagor na wàg na 'chymêr', oedd Matthews a bod ganddo athroniaeth bywyd ddatblygedig ac arddull soffistigedig iawn. Roedd 'ynni creadigol Edward Matthews,' meddai, yn fwy o lawer nag eiddo rhai o nofelwyr realaidd mwyaf llwyddiannus Lloegr a Ffrainc ei ddydd (t. xiv).

Yn ôl damcaniaeth Williams, rhedai deuoliaeth ddofn trwy ei waith a'i bersonoliaeth; ceisiodd lynu wrth ddwy gyfundrefn anghymodlon, sef hen Galfiniaeth ei etifeddiaeth a'r byd blaengar, newydd lle roedd idealaeth a Rhamantiaeth yn rheoli ei ymateb i fywyd: 'Ni fedrodd erioed gysoni'r elfennau gwahanol yn ei oes ei hun' (t. 4). Er mor ddiddorol yw'r theori, nid yw'n argyhoeddi'n llwyr. Yn un peth, nid oedd Calfiniaeth y Tadau Methodistaidd agos mor dyngedfennol gaeth ag y mynnai'r beirniad; Calfiniaeth efengylaidd, gymedrol ydoedd, a ganiataodd lawer o le i ewyllys a chreadigrwydd dyn, tra gellir dehongli ymateb Matthews i ogoniant y greadigaeth, fel y gwelwyd, nid fel ffrwyth Rhamantiaeth fel y cyfryw ond yn wedd ddilys ar y Gristionogaeth uniongred. Y Beibl, wedi'r cyfan, sy'n mynnu bod byd natur yn ddrych o ysblander Duw. Nid yw hyn yn lleihau dim ar graffter dehongliad Ioan Williams. *Roedd* Matthews yn orhiraethus am yr oes a fu ac yn rhy chwannog i ddelfrydu'r hen gymdeithas ar draul wynebu her ei gyfnod ei hun, yn enwedig o ganol yr 1860au ymlaen, ond gwendid personol oedd hwn ac nid ffrwyth dilema athronyddol na deallusol. Yr hyn a lwyddodd i'w wneud oedd creu darlun hynod ddifyr o werin Fethodistaidd Morgannwg ar ddiwedd y ddeunawfed ganrif a dechrau ei ganrif ei hun sy'n gyfraniad arhosol i'n llên: 'Roedd Edward Matthews yn unigryw fel dyn ac fel llenor: o ran ei ddull dramayddol nid oedd neb i'w gymharu ag ef' (t. 3). Fel Syr Walter Scott, ei feistr llenyddol, creodd oriel ysblennydd o gymeriadau lliwgar, gwerinol a chomig, ac roedd ei barch tuag atynt yn ddiffuant ddwfn:

> Cyfres o olygfeydd a disgrifiadau yw deunydd ei waith gorau, â'i arddull adroddiadol lithrig yn gyfrwng i gymodi'r gymysgedd o arwder ac arucheledd a welir ynddynt â'r ymwybyddiaeth gaboledig y cymer [sic] yn ganiataol yn ei ddarllenwyr ... Fel llenor fe greodd ... o anwadalrwydd bywyd ei gyfnod sylwedd llenyddiaeth newydd sydd, fel pob celfyddyd, i'w chymryd fel y mae ac sy'n werth ei chymryd felly, fel rhan hanfodol o'n hetifeddiaeth ni. (t. 15)

Arwydd o'r ffaith fod barn Williams bellach wedi'i derbyn yw ymateb un arall o'n beirniaid praff. Wrth dafoli llenyddiaeth 'y ganrif fawr' ar droad y mileniwm, cyfeiriodd Robert Rhys at *Siencyn Pen-hydd*:

> Wrth ddathlu'n ddychmygus, ar sail y straeon a glywsai yn y Fro, fywyd gŵr a fuasai farw chwe blynedd cyn ei eni ef, yr oedd Matthews yn fwriadol yn chwistrellu dos o Fethodistiaeth werinol, arw, ond bywiol Morgannwg y ddeunawfed ganrif i gorff parchus yr enwad yn 1850 ... Gwyro yn ddychmygus, ddifyrrus oddi ar lwybr y cofiant swyddogol, felly, a wnaeth Edward Matthews. ('Llenyddiaeth Gymraeg y bedwaredd ganrif ar bymtheg', yn Geraint H. Jenkins (gol.), *'Gwnewch Bopeth yn Gymraeg': Yr Iaith Gymraeg a'i Pheuoedd* (Caerdydd: Gwasg Prifysgol Cymru, 1999), tt. 251-74 [265])

Erbyn diwedd yr ugeinfed ganrif roedd hi'n amlwg bod y llenor o Fro Morgannwg yn cael ei ystyried o ddifrif drachefn.

* * * *

Roedd Edward Matthews yn un o lenorion Cymraeg bywiocaf y bedwaredd ganrif ar bymtheg ac un o'i rhyddieithwyr pennaf. Er mai fel pregethwr yr adnabuwyd ef orau yn ystod ei oes ei hun, cyfrannodd yn helaeth at ddatblygiad y cofiant, y stori a'r nofel. Fel llenor o'r De-ddwyrain deil ei gymharu â Glanffrwd, awdur

Llanwynno a Nathan Wyn, cofnodydd bywyd Sirhywi a'r cylch. Ef yn anad neb a brofodd i'r genedl fod ym Mro Morgannwg gynhysgaeth lenyddol a barodd yn ei blas hyd drydydd chwarter y ganrif o leiaf. Fel sylwebydd cymdeithasol gellid ei osod yn yr un dosbarth â Gwilym Hiraethog yn 'Llythyrau'r Hen Ffarmwr' yn *Yr Amserau*, ac roedd ei ddychan yn gallu bod mor finiog â Brutus yn 'Bugeiliaid Epynt' yn *Yr Haul* neu yn ei gyfrol *Wil Brydydd y Coed*. Trwy ei gyfrolau *Hanes Bywyd Siencyn Penhydd* a *George Heycock a'i Amserau* estynnodd Matthews ffurf y cofiant Cymraeg, a dygodd gomedi i hanes y Methodistiaid heb i hynny andwyo'i dduwioldeb na thanseilio'i ysbrydolrwydd. Roedd ganddo ddawn hynod i bortreadu cymeriadau, rhai cig a gwaed fel George Watson, ac eraill fel Pegi'r Glec a Dafydd William Dafydd a oedd yn ffrwyth ei ddychymyg byw. Roedd hyd yn oed ei fethiannau llenyddol, fel 'Mary Ann Williams, Blaen-y-cwm', yn bwysig yn hanes datblygiad y nofel Gymraeg.

Cyfyng, fodd bynnag, oedd ei fyd, sef y byd Methodistaidd rhwng diwedd gyrfa Howell Harris yn 1773 a marwolaeth Dafydd Jones Llan-gan yn 1810. Y gorffennol oedd deunydd ei waith mwyaf creadigol, ac andwywyd ei sylwadau cyfoes, yn y golofn 'Nyth y Dryw' rhwng 1863 ac 1880, gan hiraeth ysig am a fu. Ond mân wendid yw hynny. Y gwir yw fod Edward Matthews yn llenor difyr, diddorol a phwysig sy'n llawn haeddu ei le yng nghyfres 'Llên y Llenor'. Gobeithio y bydd i genhedlaeth newydd o ddarllenwyr ymgydnabod â'i gyfraniad ac ymfalchïo ynddo drachefn.

LLÊN Y LLENOR

LLYFRYDDIAETH

Oherwydd ei meithed, ni chynhwysir llyfryddiaeth gweithiau Matthews isod. Ceir llyfryddiaeth helaeth ond anghyflawn yn J. J. Morgan, *Cofiant Edward Matthews Ewenni*, tt. 403-12. Nodwyd manylion am bob ffynhonnell a ddefnyddiwyd yng nghorff yr astudiaeth hon.

Gweithiau a ddyfynnwyd neu y cyfeiriwyd atynt wrth baratoi'r gyfrol hon

Cyfrolau

Amryw o Drefnyddion Calfinaidd Caerdydd, *Gwrthdystiad, neu Lythyr at Ddarllenwyr Pregeth Angladdol y Parch. Evan Morgans, Caerdydd, a draddodwyd gan y Parch. Edward Matthews, Ewenni* (Pontypridd: Jones a'i Fab, 1853).

George Borrow, *Wild Wales: its People, Language and Scenery* (1862), Everyman's Edition (London: Oxford University Press, 1934).

Thomas Bowen, *Dinas Caerdydd a'i Methodistiaeth* (Caerdydd: William Lewis, 1927).

Aneirin Talfan Davies, *Crwydro Bro Morgannwg*, Cyfrol 1 (Llandybïe: Christopher Davies, 1972).

Aneirin Talfan Davies, *Crwydro Bro Morgannwg*, Cyfrol 2 (Llandybïe: Christopher Davies, 1976).

Owen Davies (gol.), *Gweithiau Christmas Evans*, Cyfrol 3 (Caernarfon: Gwenlyn Evans, 1898).

William Evans, *Cofiant y Parchedig William Evans, Tonyrefail* (Casnewydd: Yr Awdur, 1892).

John Howell, *Colofn y Bardd, sef Awdlau, Cywyddau ac Englynion* (Wrecsam: Hughes a'i Fab, 1879).

Glyn Tegai Hughes, *Islwyn* (Caerdydd: Gwasg Prifysgol Cymru, 2003).

D. Ambrose Jones, *Nodion Llenyddol* (Caerfyrddin: Spurrell a'i Fab, 1920).

EDWARD MATTHEWS, EWENNI

D. Ambrose Jones, *Llenyddiaeth a Llenorion Cymraeg y Bedwaredd Ganrif ar Bymtheg* (Lerpwl: Hugh Evans, 1922).

D. G. Jones, *Cofiant y Parchedig Edward Matthews o Ewenni* (Dinbych: Thomas Gee, 1893).

Dafydd Glyn Jones, *Agoriad yr Oes: erthyglau ar lên, hanes a gwleidyddiaeth Cymru* (Tal-y-bont: Y Lolfa, 2001).

D. W. Jones [Dafydd Morganwg], *Hanes Morganwg* (Aberdâr: Jenkin Howell, 1874).

Ieuan Gwynedd Jones a David Williams (goln), *The Religious Census of 1851: A Calendar of the Returns Relating to Wales*, Cyfrol 1 (Cardiff: University of Wales Press, 1976).

John Gwynfor Jones, *'Her y Ffydd: Ddoe, Heddiw ac Yfory': Hanes Henaduriaeth Dwyrain Morgannwg 1876-2005* (Caerdydd: Henaduriaeth Dwyrain Morgannwg, 2006).

John Gwynfor Jones (gol.), *Hanes Methodistiaeth Galfinaidd Cymru*, Cyfrol 3, *Y Twf a'r Cadarnhau, c. 1811-1914* (Caernarfon: Gwasg y Bwthyn, 2011).

Robert Jones, *Drych yr Amseroedd*, gol. Glyn M. Ashton (Caerdydd: Gwasg Prifysgol Cymru, 1958).

Henry Lewis (gol.), *Morgannwg Matthews Ewenni* (Caerdydd: Gwasg Prifysgol Cymru, 1953).

Saunders Lewis, *An Introduction to Contemporary Welsh Literature* (Wrexham: Hughes and Son, 1926).

D. Densil Morgan, *Christmas Evans a'r Ymneilltuaeth Newydd* (Llandysul: Gwasg Gomer, 1991).

D. Densil Morgan, *Lewis Edwards* (Caerdydd: Gwasg Prifysgol Cymru, 2009).

Evan Morgan, *Boanerges, neu Hanes Bywyd y Parch. Morgan Howells* (Caerdydd: William Owen, 1853).

J. J. Morgan, *Cofiant Edward Matthews Ewenni* (Yr Wyddgrug: Yr Awdur, 1922).

W. Llywel Morgan (gol.), *Gweithiau y Diweddar Barch. Edward Matthews, Ewenni* (Dolgellau: E. W. Evans, 1911).

Thomas Parry, *Hanes Llenyddiaeth Gymraeg hyd 1900* (Caerdydd: Gwasg Prifysgol Cymru, 1944).

D. M. Phillips (gol.), *Pregethau y Diweddar Barch. Edward Matthews (Ewenni) gydag amlinelliad bywgraffyddol* (Caerdydd: William Lewis, 1927).

Thomas Rees, *A History of Protestant Nonconformity in Wales* (London: John Snow, 1861).

Gomer M. Roberts, *Cloc y Capel: Ysgrifau ac Ysgyrsiau* (Llandysul: Gwasg Gomer, 1970).

Gomer M. Roberts, *Y Ddinas Gadarn: Hanes Eglwys Jewin Llundain* (Llundain: Eglwys Jewin, 1974).

Gomer M. Roberts (gol.), *Hanes Methodistiaeth Galfinaidd Cymru*, Cyfrol 2, *Cynnydd y Corff* (Caernarfon: Llyfrfa'r Methodistiaid Calfinaidd, 1978).

Kate Roberts, *Y Lôn Wen* (Dinbych: Gwasg Gee, 1960).

Owen Thomas, *Cofiant y Parchedig Henry Rees*, 2 gyfrol (Wrecsam: Hughes a'i Fab, 1891).

J. W. Ward a H. A. Coe, *Father Jones of Cardiff: a Memoir* (London: Mowbrays, 1908).

Ioan Williams, *Capel a Chomin: Astudiaeth o ffugchwedlau pedwar llenor Fictoraidd* (Caerdydd: Gwasg Prifysgol Cymru, 1989).

W. Samlet Williams, *Hanes Methodistiaeth Gorllewin Morgannwg*, Cyfrol 1 (Caernarfon: Cwmni y Cyhoeddwyr Cymreig, 1916).

Ysgrifau a Phenodau

Glyn M. Ashton, 'Literature in Welsh, *c.* 1770-1900', yn Prys Morgan (gol.), *Glamorgan County History*, Cyfrol 6, *Glamorgan Society, 1780-1910* (Cardiff: Glamorgan History Trust, 1988), tt. 333-52.

Aneirin Talfan Davies, 'Matthews Ewenni', *Barn*, 198-9 (1979), 71-3, *Barn* 200 (1979), 122-5.

Daniel Davies, Ton, 'Yma a thraw ym Morgannwg', *Cymru,* 16 (1899), 21-9, 125-32.

Daniel Davies, Ton, 'Y Parch. Edward Matthews', *Y Drysorfa*, Cyfres Newydd, 85 (1915), 345-53, 397-400, 450-4, *Y Drysorfa*, Cyfres Newydd, 86 (1916), 67-75.

J. B. Davies, 'The parish of Penllin', yn Stewart Williams (gol.), *Saints and Sailing Ships: The Vale Series*, Vol. 4 (Cowbridge: D. E. Brown, 1962), tt. 90-8.

EDWARD MATTHEWS, EWENNI

Dienw, 'Methodistiaeth ym Mro Morganwg', *Y Cylchgrawn*, Cyfres Newydd, 20 (1881), 297-301.

William Evans, Doc Penfro, 'Edward Matthews', *Y Traethodydd*, Cyfres Newydd, 69 (1914), 151-60.

W. P. Griffith, '"Preaching second to no other under the sun": Edward Matthews, the nonconformist pulpit and Welsh identity during the mid-nineteenth century', yn Robert Pope (gol.), *Religion and National Identity: Wales and Scotland, c. 1700-2000* (Cardiff: University of Wales Press, 2001), tt. 61-83.

T. J. Hopkins, 'The St. Athan district', yn Stewart Williams (gol.), *Saints and Sailing Ships: The Vale Series*, Vol. 4 (Cowbridge: D. E. Brown, 1962), tt. 37-45.

Brian Ll. James, 'The Vale of Glamorgan, 1840-60: profile of a rural community', yn Stewart Williams (gol.), *Glamorgan Historian*, 5 (Cowbridge: D. E. Brown, 1968), tt. 13-27.

Brian Ll. James, 'The Welsh language in the Vale of Glamorgan', *Morgannwg*, 16 (1972), 16-35.

Brian Ll. James, 'The family and early life of Edward Matthews, Ewenni', *Cylchgrawn Hanes*, 29-30 (2005-6), 106-15.

Brian Ll. James, 'The origins and growth of Nonconformity and Methodism in the Vale of Glamorgan', *Cylchgrawn Hanes*, 35 (2011), 88-107.

Emyr Gwynne Jones, 'Cofiannau', yn Dyfnallt Morgan (gol.), *Gwŷr Llên y Bedwaredd Ganrif ar Bymtheg* (Llandybïe: Llyfrau'r Dryw, 1968), tt. 175-86.

Ieuan Gwynedd Jones, 'Margam, Pen-hydd and Brombil', yn idem, *Mid-Victorian Wales: The Observers and the Observed* (Cardiff: University of Wales Press, 1992), tt. 80-102.

J. Cynddylan Jones, 'Y Parch. Edward Matthews', *Y Cylchgrawn*, 17 (1878), 257-64.

J. Cynddylan Jones, 'Edward Matthews' yn idem, *Athrylith a Gras* (Caernarfon: Llyfrfa'r Methodistiaid Calfinaidd, 1925), tt. 28-45.

J. Morgan Jones, Caerdydd, 'Rhai o hen weinidogion Morgannwg: y Parch. Edward Matthews', *Y Drysorfa*, Cyfres Newydd, 89 (1919), 86-90, 128-32.

J. Puleston Jones, 'Cofiant Edward Matthews', yn R. W. Jones (gol.), *Ysgrifau John Puleston Jones* (Y Bala: Robert Evans, 1926), tt. 115-38.

LLÊN Y LLENOR

Lodwig Lewis, 'Pregethwyr yr oes o'r blaen: y Parch. Edward Matthews', *Yr Ymwelydd Misol*, 2 (1904), 90-2.

Saunders Lewis, 'Y Cofiant Cymraeg', yn R. Geraint Gruffydd (gol.), *Meistri'r Canrifoedd* (Caerdydd: Gwasg Prifysgol Cymru, 1973), tt. 341-56.

Alun Llywelyn-Williams, 'Bywgraffiad fel creadigaeth lenyddol', yn Geraint Bowen (gol.), *Ysgrifennu Creadigol* (Llandysul: Gwasg Gomer, 1972), tt. 139-55.

D. Densil Morgan, 'O'r Iawn i'r Ymgnawdoliad: cyfraniad diwinyddol Thomas Charles Edwards (1837-1900)', *Diwinyddiaeth*, 61 (2010), 6-27.

D. Densil Morgan, 'Credo ac Athrawiaeth', yn John Gwynfor Jones (gol.), *Hanes Methodistiaeth Galfinaidd Cymru*, Cyfrol 3, *Y Twf a'r Cadarnhau, c. 1811-1914* (Caernarfon: Gwasg y Bwthyn, 2011), tt. 112-86.

Derec Llwyd Morgan, 'Llenyddiaeth y Methodistiaid', yn Gomer M. Roberts (gol.), *Hanes Methodistiaeth Galfinaidd Cymru*, Cyfrol 2, *Cynnydd y Corff* (Caernarfon: Llyfrfa'r Methodistiaid Calfinaidd, 1978), tt. 456-528.

Derec Llwyd Morgan, 'Islwyn yr Ysmygwr Ysgrythurgar', *Llên Cymru*, 34 (2011), 202-15.

Gomer M. Roberts, 'Trannoeth yr Ordeinio, 1811, ym Morgannwg', *Y Traethodydd*, 105 (1950), 16-26.

Gomer M. Roberts, 'Siencyn Pen-hydd', *Y Traethodydd*, 108 (1953), 35-40.

Llion Pryderi Roberts, '"Y mae efe, wedi marw, yn llefaru eto": mawl a moes yng nghofiannau'r pregethwyr', *Y Traethodydd*, 677 (2006), 78-97.

Robert Rhys, 'Llenyddiaeth Gymraeg y bedwaredd ganrif ar bymtheg', yn Geraint H. Jenkins (gol.), *'Gwnewch Bopeth yn Gymraeg': Yr Iaith Gymraeg a'i pheuoedd* (Caerdydd: Gwasg Prifysgol Cymru, 1999), tt. 251-74.

Owen John Thomas, 'Y Gymraeg yng Nghaerdydd, c. 1800-1900', yn Geraint H. Jenkins (gol.), *Iaith Carreg fy Aelwyd: Iaith a Chymuned yn y Bedwaredd Ganrif ar Bymtheg* (Caerdydd: Gwasg Prifysgol Cymru, 1998), tt. 177-95.

EDWARD MATTHEWS, EWENNI

Evan Williams, Merthyr Vale, 'Adgofion am y diweddar Barch. Edward Matthews, Ewenni', *Y Drysorfa*, Cyfres Newydd, 87 (1917), 266-7.

Stewart Williams, 'The parish of Penmark', yn idem (gol.), *Vale of History: The Vale Series*, Vol. 2 (Cowbridge: D. W. Brown, 1960), tt. 45-58.

William Williams, Abertawe, 'Bro Morganwg', *Y Drysorfa*, 173 (1861), 149-56.

Traethawd Ymchwil

Llion Pryderi Roberts, '"Mawrhau ei swydd": Owen Thomas, Lerpwl (1812-91) a Chofiannau Pregethwyr y Bedwaredd Ganrif ar Bymtheg', traethawd PhD anghyhoeddedig, Prifysgol Caerdydd, 2012.